誤解しないための
日韓関係講義

木村 幹
Kimura Kan

PHP新書

まえがき

「先生、僕の声、聞こえていますか?」

大学院生の教育を担当する職に就いて、2022年でもう25年になる。ずいぶんたくさんの大学院生を教えてきたけれど、いつも最初の「出会い」は緊張する。学生さんはそれぞれ異なるバックグラウンドと知識、そして何よりも「自分のやりたいこと」を持っている。そして時には、私の持っている知識や教育のノウハウが、彼らの「思い」に応えるには不十分な時もある。

だからこそ、私の所属する大学院(神戸大学大学院)や研究室を志望する学生さんとは、事前にできるだけ話をする時間を取ることにしている。大学院に入ってからミスマッチに気づいても手遅れだし、学生も教員も決して幸せにはならないからだ。

とはいえ、依然として新型コロナウイルスが流行する2022年、彼らにわざわざ研究室に来てもらって話をするのはむずかしい。そんな時に便利なのがZoomなどを使ったオンライン・ツールの存在である。オンラインだからこそ、学生さんたちも自宅や所属先の大学から、気軽にアクセスすることができる。おかげで、神戸を遠く離れた日本中から、そしてさらには遠く離れた国の学生とでも簡単に「会って」話ができるようになっている。いわば「オンライン研究室訪問」だ。

今日もそんな学生が、「オンライン研究室訪問」にやって来た。もちろん、私の研究室にやって来る学生だから、「お題」は韓国の話に決まっている。そしてそこから「オンライン研究室訪問」にやって来てくれた学生さんのために、オーダーメイドの「特別講義」を行うことになる。

さあそれでは、Zoomのミュートを切って、今日の「特別講義」を始めることにしようか。

誤解しないための日韓関係講義　目次

第1章 ステレオタイプな日本の韓国認識

第2章 韓国の「大きさ」をどう捉えるか

第3章 「日本は韓国を植民地支配していない」は本当か

第4章 日韓間では、なぜ今も歴史認識問題が起きているのか

第5章

韓国が抱える問題は何か

第1章 ステレオタイプな日本の韓国認識

韓国に対して否定的なメディア

さて、まずは学生さんに話してもらおう。一体、この「オンライン研究室訪問」で、彼はどんなことを聞いてみたいのだろう。

「韓国に関する本や情報ってたくさんあるじゃないですか。でも、いろいろ読んでいくと、なんだか矛盾している話が多いような気がしてきたんです。でも、どこがどうおかしいのかよくわからなくて」

なるほど言っていることはよくわかる。一昔前と違って、現在では韓国に関する情報はとても多くなっている。例えば、書店に行けば、韓国に関する本はたくさん並んでいるし、雑誌も様々な特集記事を組んでいる。そして、その状況はインターネット上においてはさらに顕著になる。「出版不況」の中、各出版社は競って「オンライン雑誌」を発行し、そこには驚くほど多くの韓国に関わるコラムや記事が並んでいる。

だから、日本最大級のポータルサイトである、Yahoo Japan!のニュースコーナーには毎日のように、韓国に関わる記事がずらりと並んでいる。ついでに言えば、TwitterやFacebookといったSNSでも人々は、韓国に関する活発な意見交換を行っている。

でもこれは考えてみれば不思議な現象だ。世界には多くの国があり、その中で韓国は所詮一つの国にしか過ぎない。そしてアメリカや中国といった大国と比べれば、我が国にとって突出した重要性を持つ存在だとも言えない。にも拘わらず、書店やインターネットにおけるこの国に対する関心は明らかに他を圧している。それではどうして人々は、韓国についてこんなに熱心に議論しているのだろうか。

その点を垣間《かいま》見るためには、実際にどのような議論が行われているかを確かめればよい。例えば、次ページの図1は、とあるオンライン雑誌において2021年当時の韓国の大統領である文在寅《ムンジェイン》の名前を使って検索して、ヒットした記事を並べてみたものである。一見して明らかなことが幾つかある。その第一は、この雑誌が、韓国の政権や経済、さらには国際社会における立ち位置について、繰り返し、否定的な記事を掲載していることである。そこでは韓国の政権が危機を迎えていること、或いは韓国経済が崩壊寸前にあることが繰り返し強調されている。

図1 『現代ビジネス』韓国関係記事

新型コロナ情報 連載 政治 経済/企業 国際 社会

文在寅

文在寅 の検索結果

文在寅が崖っぷち…「反日活動」のウラで、韓国軍では「大問題」が起きていた！

朴 車運

文在寅への「怒り」が大爆発中…いま韓国を襲う「コロナ多重苦」の厳しすぎる現実

田中 美蘭

2022年、「中国・韓国」vs「日米豪英」の“ヤバすぎる対立”が勃発する…！

文在寅が招いた「とんでもない危機」

武藤 正敏

韓国の「最大危機」、いよいよ「アメリカから見捨てられる日」がやってきた…！

武藤 正敏

文在寅が「ミサイル作戦」で大失敗…北朝鮮から「ナメられ」て、米国から「舌打ち」された文政権の末路

ファンドビルダー

文在寅の“大誤算”…韓国弾道ミサイル「SLBM」、じつは「致命的すぎる欠陥」があった！

ファンドビルダー

ドラマ『地獄が呼んでいる』が警鐘を鳴らす韓国社会の「深刻すぎる問題点」

誰しもが皆、簡単に「矢じり」になる

金 敬哲

このままじゃ世界で孤立する…韓国が今さら慌ててTPPへの加盟を進めている「納得の理由」

真壁 昭夫

出典：「現代ビジネス」、https://gendai.ismedia.jp/（最終確認2021年12月28日）より筆者作成。韓国の大統領である「文在寅」で検索した記事の一部を示した

図２　雑誌『Voice』の韓国特集の例

出典：PHP Interface, https://www.php.co.jp/（最終確認2021年11月15日）より筆者作成。近年の主な韓国特集の表紙を示した

同じことは今の日本の多くのメディアにおける韓国に対する報道についても言える。とりわけその傾向は、通常「右寄り」とされる民族主義的な雑誌において顕著である。そこにはやはり、韓国の政治や経済などが危機的な状況にあることが強調される。

そして、そのことは本書を出版しているＰＨＰ研究所が出している雑誌についても同様である。図２はＰＨＰ研究所が出している雑誌『Voice』の表紙の例である。例えば２０１８年３月号の特集は「平昌五輪と韓国危機」。目次にはずらりと、恰《あたか》も朝鮮半島ですぐにでも戦争が始まるかのような記事が並んでいる。

予想された危機は起こっていない

しかし、ここで考えてみよう。これらの雑誌は繰り返し、韓国の政治や経済の危機を報じている。だが、それらは果たしてどれくらい現実のものとなったのだろうか。例えば、『Voice』が「平昌五輪と韓国危機」という表題で朝鮮半島における戦争の危機について報じた後、実際に起こったのは、戦争ではなく、北朝鮮と韓国、さらにはアメリカとの対話であった。さらに言えば、このような対話の大きなきっかけの一つこそが、この平昌五輪開催中の金正恩《キムジョンウン》の妹、金与正《キムヨジョン》の訪韓だった。そしてその僅《わず》か4か月後の2018年6月には、史上初の米朝首脳会談が実現している。対話は、翌年2月の2回目の米朝首脳会談の決裂により頓挫するものの、その後も、この雑誌が示したような「危機」は現実のものとはならなかった。

明らかなのは、これらの韓国に対する否定的な「言説」においては、「危機」の到来が指摘される一方で、その「危機」が現実のものになったか否かの検証は、ほぼ行われていないことである。そして、そのことは、これらの雑誌が繰り返し、「危機」を報じることを可能にする状況をも作り出している。即ち、これらのメディアにおいては自らの危機にまつわる言説が、現実に反していることを等閑視《とうかんし》することで、恰《あたか》も韓国においては常に「危機」が続いているかのような印象を持たせることになっているのである。

「ちょっと待ってください。ということは、こういう雑誌の韓国関係記事は全く信用できない、ということですか」

将来予測は常に難しい。新型コロナの流行が誰にも予測できなかったように、あらゆる突発事態を前もって予見することは不可能である。だから我々、研究者が論文を書く時にも、客観的なデータが利用できる過去や現在の状況の分析と、その後の状況がどう動いていくかに対する予測は、明確に分けて行うことになっている。

平昌五輪における金与正の訪韓（右は文在寅）

したがって、予測それ自体が間違うことはある程度仕方がない。しかしそのことと、自らの予測を事後に検証して足りなかった部分がどこなのかを考えることの必要性は別の問題だ。そしてそれにより自らの分析のモデルをアップグ

グラフ1　日韓両国の経済成長率

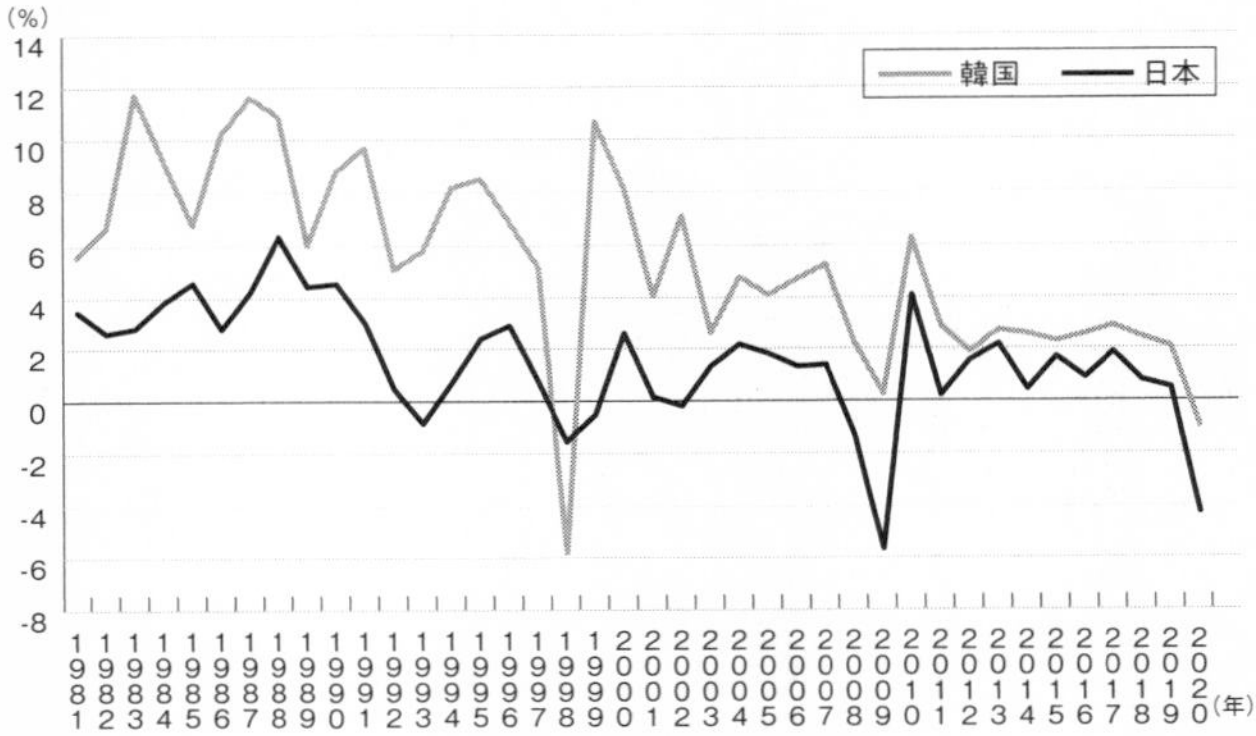

出典：World Bank Open Data, https://data.worldbank.org/（最終確認2021年12月31日）より筆者作成

レードして、同じ間違いを繰り返さないようにしなければならない。

日本を上回る韓国の経済成長率

だからこそ、その前提としての実際の状況がどうなっているかを確認することが、重要である。まず確認が簡単な、韓国の経済的状況に関する基礎的なデータから見てみよう。グラフ１は１９８１年から２０２０年までの40年間の日韓両国の経済成長率を比較したものである。一見してわかるのは、この40年間で、１９９８年を除いた全ての年で、韓国の経済成長率が日本のそれを上回っていることである。因みに、唯一の例外である１９９８年は、前年におけるタ

グラフ2　2020年の主要国経済成長率

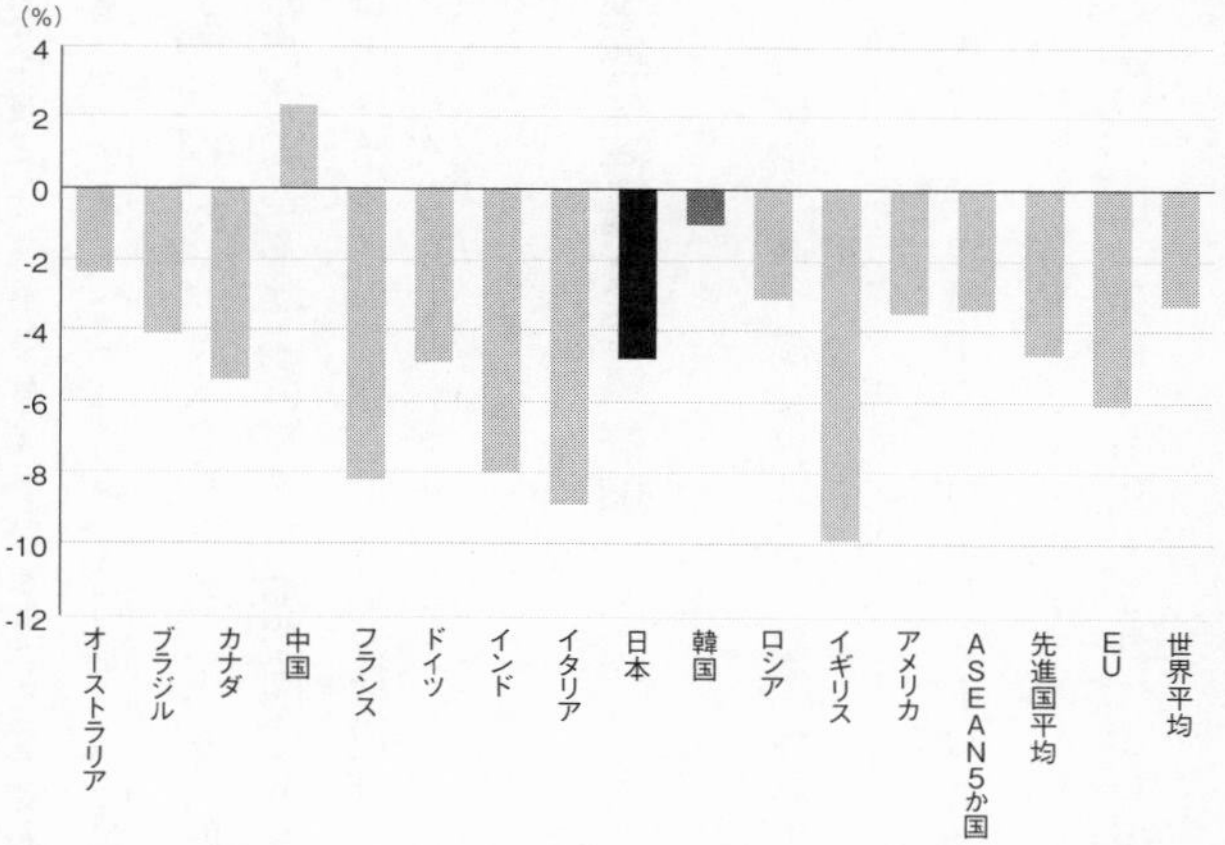

出典：IMF, World Economic Outlook, October 2021, https://www.imf.org/en/Publications/WEO/Issues/2021/10/12/world-economic-outlook-october-2021（最終確認2021年10月25日）

イの通貨バーツの急落に始まるアジア通貨危機が韓国を直撃した年である。今から既に24年も前のことになる。

そしてそのことは、通常、韓国が大きな打撃を受けたとされる２００８年に世界を襲った金融危機である「リーマンショック」の際にすら、その韓国経済へのダメージが日本に対するものよりもむしろ小さかったことを意味している。そして同じことは、２０２０年に世界を襲った新型コロナウイルスの拡散によるパンデミック下でも同じである。グラフ２は、同年の世界各国の経済成長率を比較したものである。

確かにこの年における大きな危機は、

韓国経済にも巨大なダメージを与え、その経済成長率もマイナスに転じている。だからこの状況を「危機」だと言っても間違いではない。しかしそのことは、韓国においてその「危機」が他国に比べて大きかったことを意味しない。文在寅の言葉を用いるなら、この年の韓国の経済成長率は「OECD加盟国でトップ」であり、中国や台湾、ベトナムといった新型コロナウイルスの初期の抑え込みに成功した一部国家を除けば、むしろ、突出したものになっているからだ。

半導体産業は業績好調

この新型コロナ禍における、韓国経済の「相対的な好調」を支えたのは、パンデミック下におけるオンライン需要の拡大がもたらした、半導体市場の好調である。グラフ3に明らかなように、三星《サムスン》電子やLGエレクトロニクスといった韓国の主要半導体企業は、新型コロナ禍において、業績を大きく改善させている。周知のように半導体産業は現在の韓国の基幹産業と言って良い存在であり、これにより韓国は世界的経済不振の影響を最小限に止めたことになる。

グラフ3　三星電子の営業業績

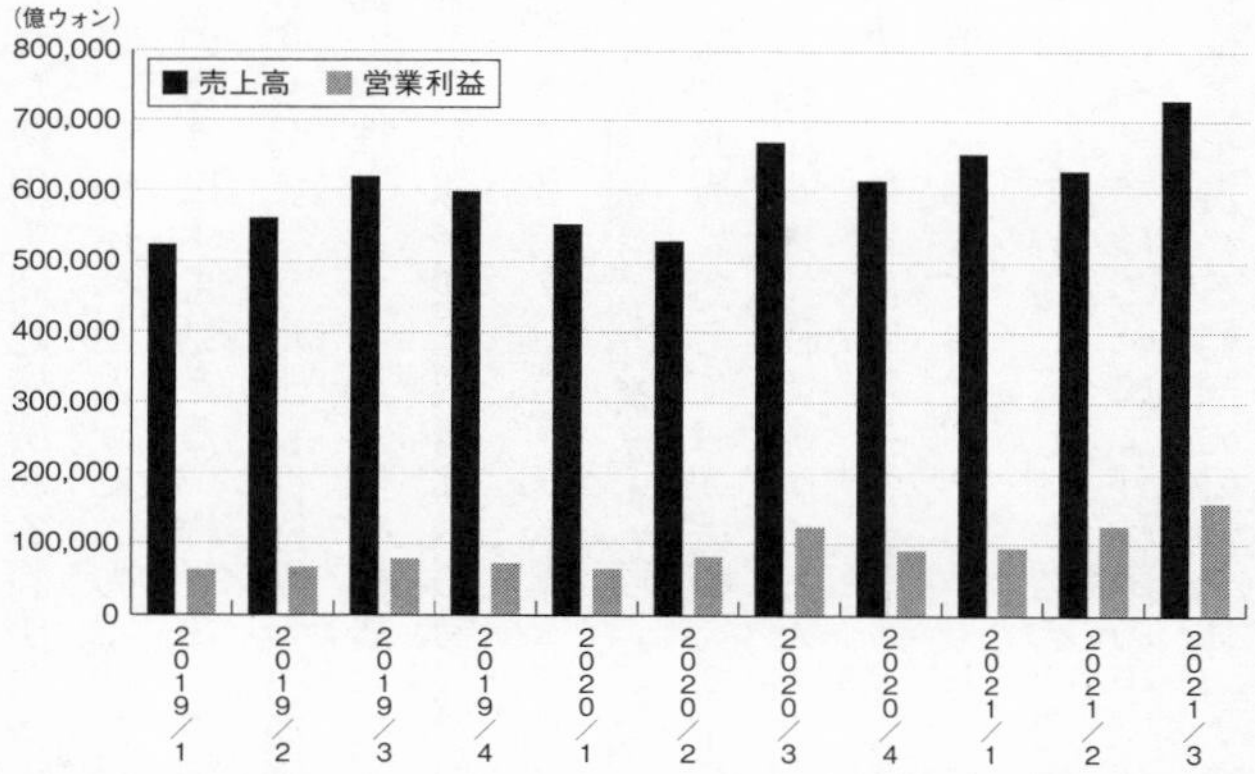

出典：『韓国経済新聞』、https://www.hankyung.com/（最終確認2021年11月15日）の一連の記事より筆者作成。年の後の数字は四半期

さらに言えば、この状況は、もう一つの重要な事実を示している。新型コロナウイルスが世界を襲う前年の２０１９年、日本政府は韓国に対する、一部半導体関連製品への輸出管理措置を発動している。この背景には、当時官房長官であった菅義偉《すがよしひで》が「両国間で積み重ねてきた友好協力関係に反する韓国側の否定的な動きが相次ぎ、その上に［元徴用工問題で］G20までに満足する解決策が示されなかった。信頼関係が著しく損なわれたことは言わざるをえない」（『朝日新聞』２０１９年7月2日、https://www.asahi.com/articles/ASM723PM2M72ULFA003.html［最終確認２０２１年12月10日］）と述べたような、２０１８年10月に韓国大法院（日本の最高裁に相当）によって

出された徴用工問題に関わる判決以後の状況があった。

実際、菅が述べたようにこの時期の日韓関係においては、恰《あたか》もそれを意図的に刺激しているかのようにすら見える、様々な「韓国側の否定的な動き」が起こっていた。例えば、2018年9月には、海上自衛隊が「自衛艦旗」として採用する旭日旗を巡って、韓国海軍が済州《チェジュ》島で開催予定であった国際観艦式において、その掲揚の自粛を求めた事件があり、反発した海上自衛隊が観艦式自体への参加を取り止めるに至っている。続いて、同年12月には、韓国海軍第一艦隊の旗艦である広開土大王《クァンゲドデワン》艦が、接近した海上自衛隊の哨戒機《しょうかいき》に、火器管制レーダーを照射する事件も起こっている。このような度重なる事件に業を煮やした日本政府が、韓国政府に対して日韓関係の重要性を再考させるために選択したのが、この2019年7月の輸出管理措置の発動だった、と言うことができる。

事実、この輸出管理措置に至るまでの過程で、当時の首相官邸は各省庁に韓国に圧力をかける手段を尋ねており、その結果として、この輸出管理措置が発動された、と当時の政府関係者は話している。そして、このような日本政府による輸出管理措置発動について、日本の一部メディアはこれにより韓国の半導体産業が致命的な打撃を受け、進んで半導体産業が大きな位置を占める韓国の経済全体も大きく低迷するだろう、と予測した。しかし、現実には韓国の半導体産業にはこの措置による影響はほとんどなく、逆に新型コロナ禍の下、業績はむしろ大きく改善した、ということになる。

韓国は20年以上経常収支黒字

「でも、韓国は経済的基盤が不安定で、いつクラッシュするかわからない、という話もあるじゃないですか。今は成長していても、やっぱりいつかはダメになるんじゃないですか」

もちろん、国際社会は「一寸先は闇」の世界であり、だから今後、韓国経済が現在のような成長を続けていけるかどうかはわからない。とはいえ、ここで一つ指摘しておかなければならないのは、日本国内における韓国経済「危機」説は、その多くが１９９０年代のアジア通貨危機時の状況を念頭に置いていることである。

ここで忘れてはならないのは、２０２2年の段階では、アジア通貨危機の発生から既に25年、つまり四半世紀近い月日が過ぎていることである。そして、この25年という月日は決して短いものではない。例えば、前回の東京五輪が行われたのは１９６４年。第二次世界大戦が終わったのが1945年だからその僅か19年後の出来事である。つまり、当時の日本はこの僅か19年間に、戦争による廃墟からの復興を果たし、アジア初の五輪開催にまでこぎつけた訳である。

重要なのは、アジア通貨危機から四半世紀を経て、よく言えば安定、悪く言えば停滞する日本社会とは異なり、発展を続けるアジアの多くでは、状況が大きく変化していることである。上海やシンガポール、さらにはマニラやジャカルタを訪れればすぐにわかるように、そこでは街並みはもちろん、人々の考え方も急速に変わっていく。

そして日本よりも変化が大きく速いことは韓国もまた同様である。例えば、日本では先のアジア通貨危機時の印象から、韓国は現在でも経常収支赤字状態にあり、経済危機の際に通貨であるウォンは低下する、と漠然と考えている人は多い。

しかし、現実にはそうではない。例えば、グラフ4は、韓国のGDPに対する経常収支の割合を、日本、そして中国と比べたものである。GDPに対する割合にしているのは、家計や企業会計と同様、黒字や赤字の金額はそもそもの経済の規模と比較してはじめて意味を持つものだからだ。

このグラフから明らかなのは、韓国経済が既に20年以上、一貫して経常収支黒字の状態に

グラフ4　GDPに対する経常収支の割合

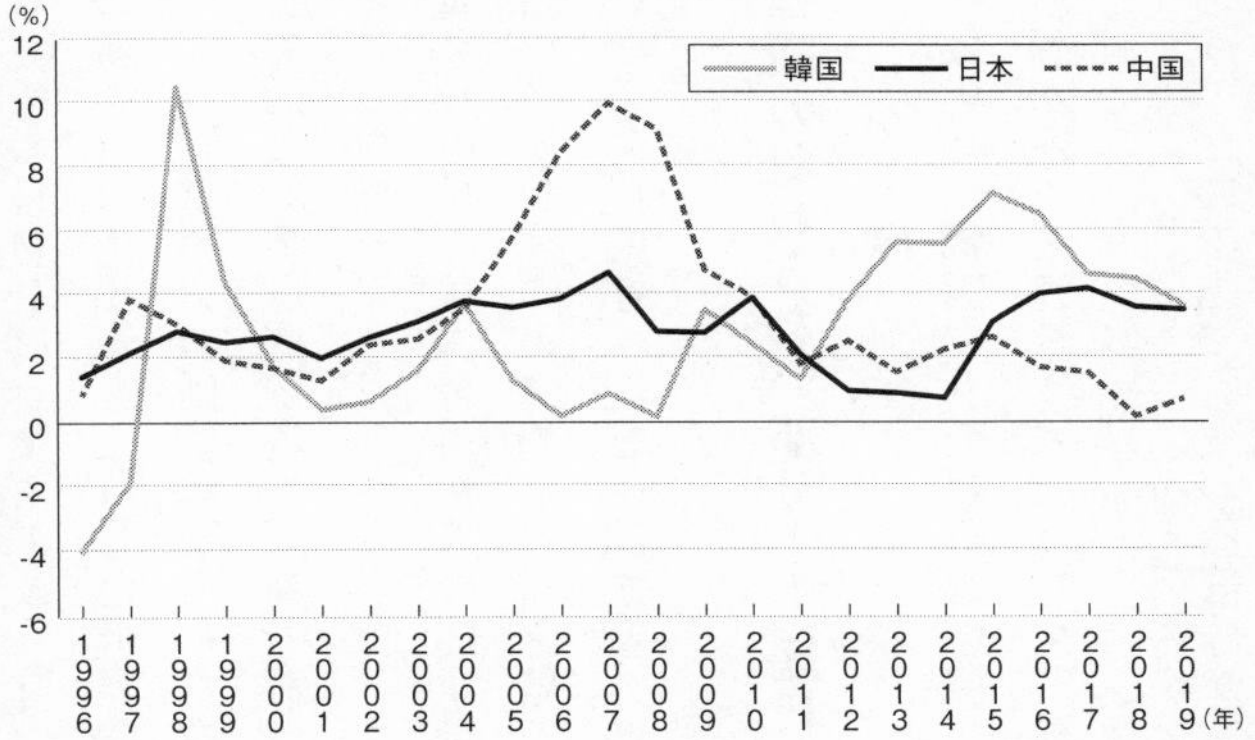

出典：World Bank Open Data, https://data.worldbank.org/（最終確認2021年10月25日）より筆者作成

グラフ5　ウォン／ドル為替レートの推移

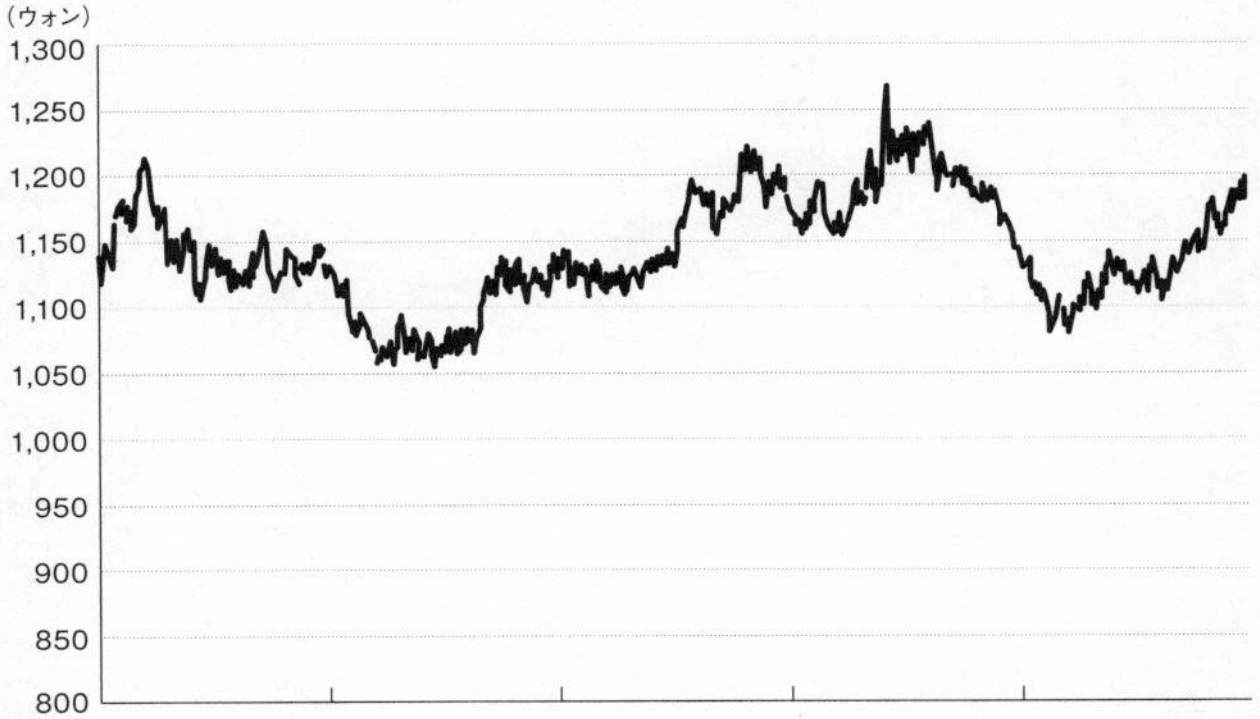

出典：FRED Economic Data, https://fred.stlouisfed.org/series/DEXKOUS（最終確認2021年10月25日）。1ドルに対する韓国ウォンのレートを示している

あり、そのGDPに対する大きさは、日本や中国をも凌《しの》いでいることである。だからこそ、この新型コロナ禍がもたらした世界的な経済不況の中でも、かつてとは異なりグラフ5のように、韓国ウォンの価値は安定して推移している。とりわけ注目すべきは、新型コロナを巡る世界的な経済危機が最も深刻であった2020年後半に、ウォンの価値がむしろ上昇していることだろう。

重要なのは、韓国経済がこの四半世紀の間に大きく変わったということであり、だからこそ古いステレオタイプでこの国を見ても間違えるだけだ、ということだ。変わる現実、とりわけその基礎的な状況を確認することから始める必要がありそうだ。

韓国の変わらない部分——歴代大統領の退任後の状況

「とはいえ、韓国にも変わらない部分もあるじゃないですか。例えば、政治面では退任した大統領が次々と逮捕されたりして、何だか大変そうですよね」

そう、どこの国でも変わる部分があれば、変わらない部分もある。だからこそ、どこが変わっており、どこが変わっていないのか、そしてその原因がどこにあるのかを考えることが重要なのだ。

それでは韓国において変わらない側面は何か。その一つは彼が言うように、韓国の歴代大統領の退任後の状況だ。1948年以降、今日《こんにち》までの韓国の大統領は12人。その退任後の状況は、初代の李承晩《イスンマン》がアメリカのハワイに亡命、3代の朴正熙《パクチョンヒ》は在任中に暗殺、5代の全《チョン》斗煥《ドゥファン》と6代の盧泰愚《ノテウ》がクーデターや政権時の不正蓄財により収監（後に共に恩赦で釈放）、9代の盧武鉉《ノムヒョン》は家族に関わる疑惑で自殺、さらに10代と11代の李明博《イミョンバク》と朴槿恵《パククネ》までもが共に汚職により収監されている（そのうち朴槿恵は2021年12月に恩赦で釈放された）から、退任後、とりあえず無事に余生を全うできたのは、2代の尹潽善《ユンボソン》、4代の崔圭夏《チエギュハ》、そして7代と8代の金泳三《キムヨンサム》と金大中《キムデジュン》の4名しかいない。加えて言えば、金泳三と金大中は、各々の子息が収賄や脱税の容疑で逮捕されるに至っている。

背景にあるのは、大統領に過度に権限が集中する制度である。李承晩から朴正熙、全斗煥と続いた権威主義政権下に培われたこの構造は、1987年の民主化により、大統領が民主的に選出されるようになった以後も基本的に変わっていない。それが大統領や周辺の人々による不正を生み出しやすい状況を生み出しているのは、既によく知られている通りである。

そして、そのことは一つの逆説的な事実を示している。時に我が国では「不安定」さが強調される韓国は、その政治システムにおいては制度的にはむしろ「安定」、より正確な表現を使えば「変化していない」のである。１９８７年の民主化から既に35年。韓国の憲法はこの間一度も改正されたことがなく、故に同じ政治システムが続いている。世界に数多くの国が存在する中、これより長い間、憲法が全く改正されていないのは、１９４６年以来憲法が一度も改正されていない日本くらいのものである。そして、韓国は実はそのような基本的な制度が変化していない国の一つなのである。そしてこの制度の安定性こそが、この国において同じことが繰り返される一つの素地となっている。

なぜレイムダック現象が生まれるのか

「じゃあ、韓国は政治面では今も昔も同じ、ということでいいんですか」

制度が安定していれば、政治の動きはある一定の範囲に限定される。とはいえ、それはその中で変化がない、ということではない。何故なら制度が同じでも、その制度に対する考え方や、それを動かす人々の在り方が変われば、当然、制度の働きも変わってくるからだ。例えて言えば、野球のルールは同じでも、その日の選手や審判の働きが変われば、全く異なる試合になるのと同じことだ。

だから、その変化を読み間違えれば、我々自身は彼らの行動を正確に予測できなくなる。重要なのは我々がどのような変化を見落としているかを確認することだ。とはいえ、何を見落としているのかを直接探すのは難しい。だとすれば、行うべきは、理解の背景にある自分の認識のステレオタイプを確認し、そのどこが現実と異なるかをチェックすることだろう。

そこで、もう一度、本書の冒頭で示した、とある雑誌の記事、それも韓国政治に関わる記事を見てみよう。明らかなのは、この雑誌が繰り返し、政権の「危機」を報じていることだ。つまり、そこで示されているのは、経済面のみならず、政治面においても、韓国は常に「危機」に瀕《ひん》しているという認識である。

それでは現実の韓国政治はどうなっているのだろうか。このような韓国政治に関わる認識の背後にあるのは、先にも述べたような歴代の大統領が次から次へと逮捕されるような状況であり、また、朴槿恵政権における大統領の弾劾《だんがい》を求める動きに典型的に表れたような、任期末期の大統領の支持率が大きく低下する、「レイムダック現象」といわれる状況であり、またそれに伴う政治的な混乱である。

とはいえ、ここにはまず基本的な誤解がある。注意しなければならないのは、民主化後の韓国の歴代大統領が凡《おおよ》そ好ましくない末路に直面したのは、ほとんどの場合において「退任後」のことであり、任期中のことではない、という事実である。より正確に言えば、1948年の建国から今日までの74年間において、任期中に制度的な手続きを経て国会により弾劾され、その弾劾が憲法裁判所に認められ最終的にその職を追われるまでに至ったのは、実は2017年の朴槿恵一人しかないのである。

背景にあるのは、国会の多数により簡単に首相を「不信任」できる議院内閣制とは異なり、韓国が採用する大統領制における「弾劾」には、遥かに高いハードルが存在することである。例えば、韓国と同じく大統領制を採用するアメリカでは、200年以上に及ぶその憲政史の中で、最終的に弾劾にまで至った大統領は一人も存在しない。

一つの理由は、弾劾が行われるには、単なる大統領の政治に対する不満の高まりでは不十分であり、その具体的な違法行為の立証が必要になるからである。韓国においては、まず国会がその違法行為を認定し、それを前提とする弾劾案が3分の2以上の多数で可決され、さらにその妥当性を憲法裁判所が審査することになっている。当然のことながら、その手続きは一朝一夕では不可能であり、朴槿恵の弾劾においても、3か月を超える月日がかかっている。その手続きの面倒さとハードルの高さは、僅か1日、いや数時間で全てが決着する議院内閣制下の「不信任」とは全く違っている。

したがって実際は、朴槿恵政権下における極端な状況を別にすれば、民主化以後の韓国で起こっているのは、任期末期の政権が混乱に陥り、大統領がその座を追われる、という現象ではない。そこで起こっているのは、任期が終わりに近づくにつれ、支持率がじりじりと下がる大統領が次第に求心力を失い、最後には与党にも見放されて、政権が機能不全に陥る、という状態である。

このような状況をもたらしているのは、再び韓国政治の特異な構造である。韓国の憲法では大統領の任期は1期5年に限定されており、加えて仮に憲法改正によりこれが改められても、改正された内容は、改正時の大統領には適用されないことが定められている。そしてそのことは即ち、現職の大統領が次期大統領選挙に立候補することができないことを意味しており、故に与党の多くの議員もまた、大統領のその任期が終わりに近づくと、現職の大統領から距離を置き、新たな大統領候補者の周りに結集することを余儀なくされる。そしてその

グラフ６　民主化以降の韓国大統領の支持率推移

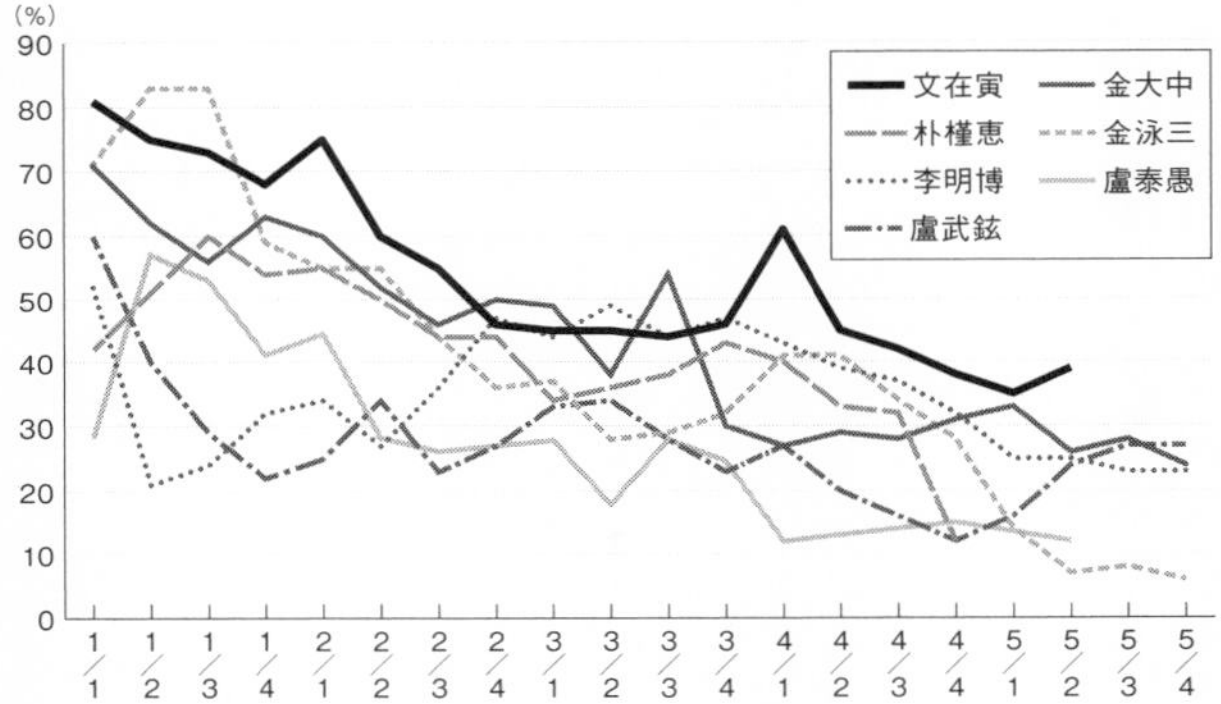

出典：Korea Gallup, https://www.gallup.co.kr/（最終確認2021年10月25日）。就任後同時期の核大統領の支持率の推移を示している。例えば、3/4は3年目の第四四半期を意味している

過程で、現職の大統領は見捨てられ、時にその不正や失政を糾弾《きゅうだん》されることになるのである。

このような韓国歴代大統領を巡る状況はグラフ6を見れば明らかである。就任時には60%以上、時には80%以上もあった大統領の支持率は、いずれも例外なく、任期末期に近づくにつれ、奇麗に低下している。そして、その全ての傾向が基本的に一致していることこそが、この状況が個々の大統領個人のパフォーマンスによってではなく、制度的特性によって生み出されていることを意味している。

なぜ文在寅や朴槿恵の支持率は相対的に高かったのか

「でも、韓国政治に何か新しい現象はないんですか」

大きく見れば同じパターンで政治が動いている。しかし、そこには変化がないということではない。そこでもう一度先のグラフをよく見てみよう。

明らかなのは、このグラフにおいて一貫して、同じ時期に一位あるいは二位の歴代支持率を維持しているのが、2017年に大統領に就任した文在寅だ、ということである。つまり、皮肉なことに一部の日本メディアが繰り返し「危機」を報じてきたこの政権は、民主化以後の韓国において、「相対的」にとはいえ、最も高い支持率をしかも安定的に維持してきた政権なのである。

そして、さらにこのグラフを詳しく見てみると、最終的に弾劾によりその職を追われた朴槿恵もまた、弾劾の直前までやはり「相対的」に、つまり歴代大統領と比較すれば、高いレベルでの支持率を維持していたことがわかる。そして、これは奇妙な現象に見える。何故なら文在寅や朴槿恵には、例えば金大中のように、韓国の民主化運動において重要な役割を果たしたり、また初の南北首脳会談を実現してノーベル平和賞を受賞したり、といった突出した業績は何も存在しないからだ。因みに韓国では今日まで、金大中以外のノーベル賞受賞者は出ていないから、金大中の実績はこの点でも圧倒的なものと言える。

さらに言えば、金泳三もまた、金大中と並ぶ民主化運動の主要な立役者の一人であり、盧武鉉は今日の多くの世論調査において、経済成長を実現した朴正熙と並ぶ「最も人気のある歴代大統領」の一人である。なのにどうして文在寅や朴槿恵は、これらの過去の大統領より高い支持率を維持できたのか。

その原因は、韓国で進行する保守派と進歩派の間のイデオロギー的分断によって説明できる。この点をわかりやすく示すと、グラフ7のようになる。文在寅の支持率があるところまで下がると、突然下げ止まったり、時に何かにぶつかったかのように反転したりしていることがわかる。

今の韓国社会には大雑把に言って、自らを保守派と見做《みな》す人たちが3割、同じように進歩派と見做す人たちが3割、そしてそのどちらでもないとする人々が3割程度、各々存在する。この割合は、大統領や与党の支持率よりも遥かに安定しており、当然ながら、保守派の人々は保守派の大統領や政党を、そして進歩派の人々は進歩派の大統領や政党を支持するようになる。

グラフ7　文在寅政権と「岩盤支持層」

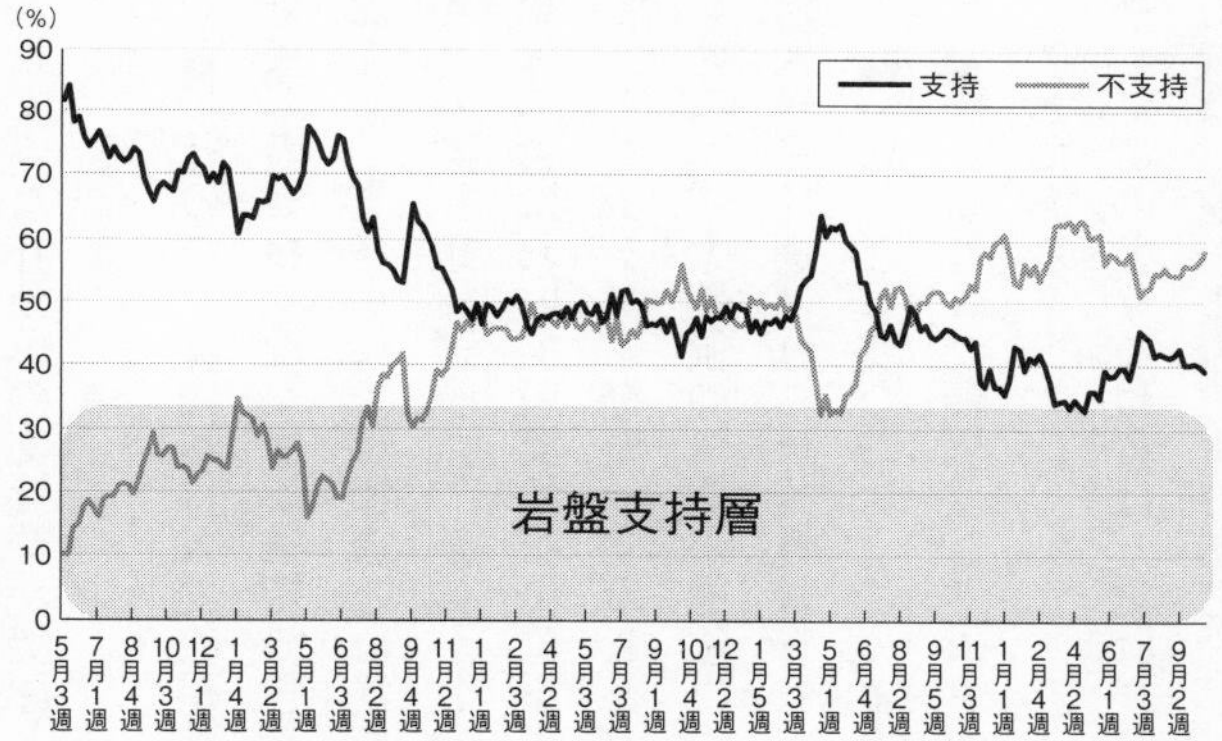

出典：Realmeter 世論調査、http://www.realmeter.net/?ckattempt=1（最終確認2021年10月25日）より筆者作成

加えて今日の韓国は、保守派と進歩派を各々代表する政党による二大政党制だから、人々は仮に大統領や与党による政治に不満があっても、一足飛びに保守派から進歩派へ、或いは進歩派から保守派へと支持する政党や政治家を変えることは難しい。理由はそこに掲げられる政策や理念があまりにも異なっているからだ。

だからこそ、今日の韓国の大統領や与党の支持率は、イデオロギー的性向を同じくする人々の支持に支えられ、低下する場合にも一定の所で下げ止まることになる。韓国では朴槿恵政権以降、このような大統領や与党の強固な支持基盤を「岩盤支持層」と呼んでいる。そして、この支持基盤は、仮に離れる場合にも、恰《あたか》も岩盤のように一つにまとまって行動する。一時期は安定していた朴槿恵の支持率が突如として急落したのは、この岩盤が一挙に「剝がれた」からに他ならない。

そしてそのことは、逆に大統領が与党や自勢力の取りまとめさえ上手く行えば、その支持率を任期の終わり近くまで維持できる可能性があることを意味している。

加えて、文在寅には朴槿恵とは異なる大きなアドバンテージも存在した。それは2020年4月の国会議員選挙にて与党が3分の2の議席を単独で押さえたことである。これにより与党は国会において圧倒的な優位を占めることになり、その支持を取り付けた文在寅は安定してリーダーシップを発揮することができた。

もちろん、大統領の任期が憲法により厳しく、1期5年に制限されている限り、文在寅が次期大統領に選ばれる可能性は皆無であり、故にその求心力は末期に近づけば近づくほど低下した。しかし重要なのは、このような相対的な支持率の安定により、この政権では、歴代政権で繰り返された顕著なレイムダック現象が見られないままに、その幕を閉じようとしていることである。

そしてこのような現象は、実は今日の世界の多くの国において見ることができる。その一つの例は、他ならぬ日本である。

かつては日本でも、大きな政治的スキャンダルなどが起こると、内閣の支持率は大きく低下した。例えば、消費税の導入問題を巡って非難を浴びた竹下登内閣の支持率は、共同通信調べで1989年3月に3・9%の最低値を記録している。支持率が一桁にまで落ちた政権としては、これ以外にも2001年の森政権があり、ある段階までの日本の内閣支持率には、大きな「柔軟性」があったことがわかる。

しかし、今日の日本の政権支持率もまた20%台よりも大きく低下することは少なくなっており、それこそが自民党の長期政権を支える一つの要因になっている。ここで言われるのもやはり、社会におけるイデオロギー的分断の進行である。保守派と進歩派、日本的に言えば右派と左派の間の対立が激化することで、両者の支持層が固定化し、激しい対立の一方で、社会的な妥協をすることが難しくなる。もちろん、その典型はアメリカにおいて見ることができる。激しい批判の中、政権を追われたトランプであったが、その支持率は政権末期になっても30%台以下には下がらなかった。

その意味で、韓国の状況も、このような大きな国際社会のトレンドの一部なのである。

第2章 韓国の「大きさ」をどう捉えるか

情報が多ければ多いほど、ステレオタイプが強化される

「韓国の現状はマスメディアやインターネット上で言われているのとは、ずいぶん違うんですね。でも、どうして我々の理解はこれだけ現実と異なってしまったのでしょうか」

そう、不思議な現象だ。2000年代に入り、日韓両国では相互の交流が劇的に増加した。とりわけ顕著であったのは、人的交流の増加である。グラフ8でも明らかなように、日韓両国間の交流は、新型コロナ禍に突入する前の2018年には、日本から韓国に300万人以上、韓国から日本には実に700万人以上の人が行き来するまでになっていた。韓国の人口は約5100万人だから、単純計算で韓国の全人口の7%以上に相当する人が、この年だけで日本を訪れていることになる。

交流が増えている、ということは、即ち、日韓両国の人々が相手の国を直接見る機会が増えていることを意味している。そして、両国の人々が相手側の状況を知る手段は、今日、それ以外にもたくさん存在する。

グラフ8　日韓両国間の人的移動

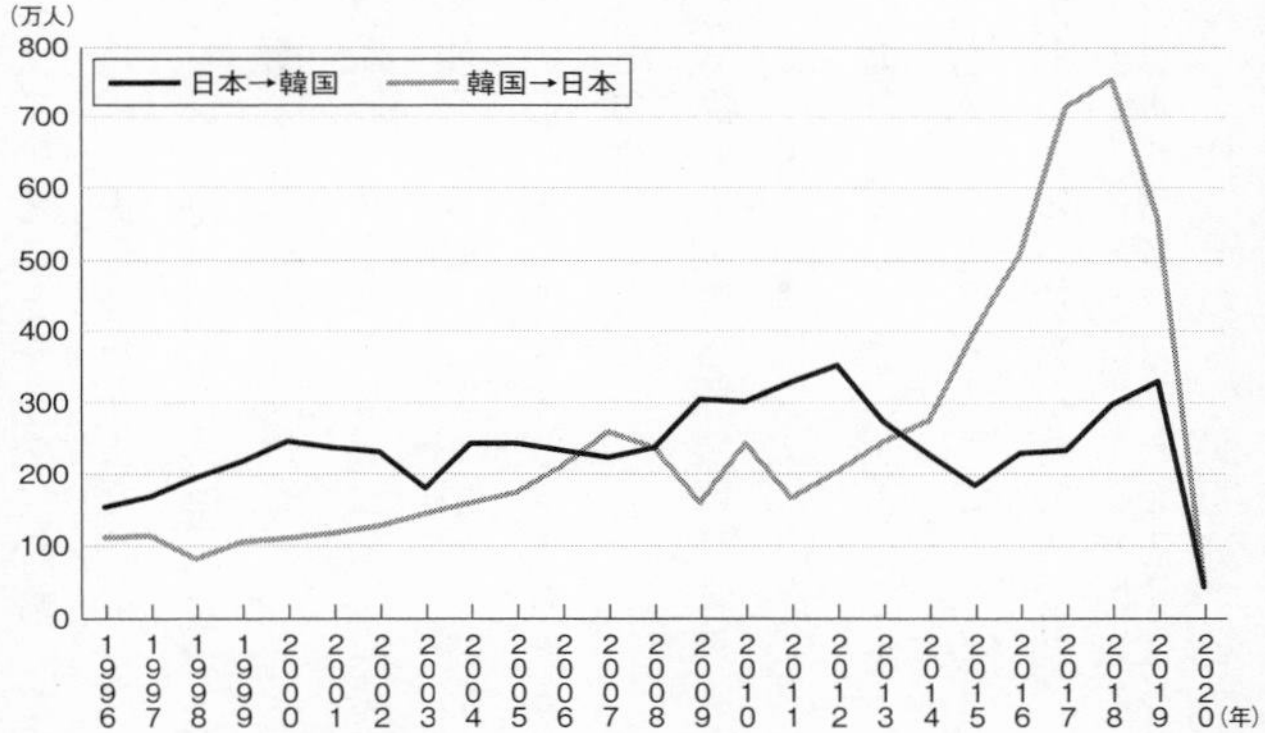

出典：韓国統計庁「国家統計ポータル」、https://kosis.kr/index/index.do（最終確認2021年10月25日）より筆者作成

テレビや新聞といったオールドメディアはもちろんとして、現在の社会でより大きな力を持っているのは、いうまでもなくインターネットである。とりわけ2000年代に入って、『朝鮮日報』をはじめとする韓国の主要紙が相次いで日本語版をスタートさせたことで、かつては韓国語が読めなかった人にはアクセス不可能だった情報に、誰でも容易にアクセスすることが可能になっている。

とはいえ、このような相手を知る機会の増加が、必ずしも相手に対する正確な理解をもたらすとは限らない。それは個人と個人の関係を考えればわかるだろう。例えば、共に暮らしている親子は互いの情報をたくさん持っている。しかし、それにより親が子供の、或いは子供が親の考えていることを正確に理解しているか、といえばそれはまた別の話である。とりわけ、親は時に子供を彼らがまだ幼かった頃のイメージを通して理解しがちである。だから時に気が付くと、毎日見てきた筈の我が子が、いつの間にかすっかり変わってしまっている事実に、驚かされることになる。

認識しておくべきは、どんなに情報があっても、否、多くの情報がある場合にこそ、我々が情報をえり好みして、事態を理解しようとすることだ。そして、結果として自らが予め有していたステレオタイプ、よりわかりやすく言えば「思い込み」を確認する。「選択バイアス」とはそのことだ。

保守派の『朝鮮日報』にせよ進歩派の『ハンギョレ新聞』にせよ、1日の新聞の中にはたくさんの記事が掲載されている。だから、そこには韓国の政治や経済について、前向きの記事もあれば後ろ向きの記事もある。しかし、日本からアクセスしてこれらの新聞の日本語版を読む人は、もちろん、これらの記事を全て読む訳ではない。

同じことは、旅行などでの訪問についても言うことができる。通常、我々は美しい景色を見、美味いものを食べ、或いは自分の国ではできない経験をするために他国を訪れる。もちろん、それは予め自分が期待する欲求を満たすためのものだ。自分が行きたくない所には行かないだろうし、見たくないものを見ることも少ないだろう。何故なら楽しい旅行中にそんなことをわざわざする理由は何もないからだ。そもそも日本から韓国に、或いは韓国から日本に旅行で訪問する人は、元来相手国に関心を持っており、好意的な印象を有している人が大半だろう。世界にたくさんの国がある以上、わざわざ行きたくもない国に大枚をはたいてまでわざわざ足を運ぶ人は少ないだろうからだ。

つまり、どんなに豊富な情報があっても、そこから我々が異なる社会に対する情報をバランス良く得られる訳ではない。そして、とりわけそれは、我々が対象に強いバイアスがかかった認識を持っている場合に顕著である。こうして、情報の氾濫《はんらん》にも拘わらず、人々が新たな状況へと認識を改めるどころか、古いステレオタイプをむしろ強化する状況が生まれることになる。

そして、そのような日本人の韓国に対する典型的なステレオタイプの一つが、正に本書冒頭で示した「韓国は常に危機に瀕している」なのである。

ステレオタイプな認識はどこから生まれるのか

「でも現実に反したステレオタイプな認識って、どこから来るのでしょうか。事実そのものは、そこにない訳ですし」

現実はいつの間にか、変わってしまっているのに、何故か認識が上手く更新できない。先の同居親子の関係で示したように、我々の日常生活を振り返っても、そんなシチュエーションは実は多い。そしてそのような場合の理由は幾つかある。

一つ目の理由は、その思い込みが、現在ではなく過去の経験によって支えられている場合だ。例えば、親が既に十分に成長して、大人になった自らの子供に対して、「お前はまだまだだ」と言いがちなのは、そこにまだ幼く心もとなかった頃の子供のイメージが残っているからだ。そして、そのイメージは実際、過去の「事実」によって強固に支えられている。だから、55歳になった筆者が80歳を超える両親に「お前は小学校の遠足で忘れ物をした。だから、仕事でもとんでもないミスをしないか心配だ」などと今でも言われたりするような現象も起こることになる。

遠い昔の記憶を通じて子供を理解する親が、いつの間にか成長した子供の姿をなかなか認められないのは、その認識がなまじ過去の事実に適っており、その点においては間違っていないからである。そして、それは時に「私は彼らのことをわかっている」、或いは「彼らの本質はこうだ」という過剰な思い込みへと繋がることになる。

しかし、個人がそうであるように社会もまた、時が経てば大きく変化する。にも拘わらず、その変化が上手く受け入れられないのは、その認識が時にどこかで自分自身のアイデンティティへと繋がっているからだ。これが二つ目の理由である。

それは同じ親子の比喩を使えば次のようになる。時にとって親が子供に対していつまでも「上から目線」で接しがちなのは、それが自らの「親としてのアイデンティティ」と結びついているからである。子供は子供である以上、いつまでも自分を頼りにしていてほしい。そしてそのためには彼らがいつまでも自分達よりも弱く頼りなくあってくれる方が望ましい。そうでないと、子供は親を頼る筈などないからである。こうして我々は自らの側の勝手な思いを子供に対する認識の上に重ねてしまう。

重要なのは、かつての日韓関係が、子供が幼い頃の親子関係と同じように、両者の間に力の差がある「垂直的」なものであったことだ。それは例えば日韓両国が国交を回復した1960年代頃の状況を思い浮かべればわかりやすい。第二次世界大戦後の廃墟の中から、連合国による上からの改革を経て生まれ変わった日本は、短期間で復興に成功し、1964年には東京五輪を開催、「先進国クラブ」との異名を取っていたOECD（経済協力開発機構）への加盟をも実現した。

対して同じ頃の韓国は、冷戦下の最前線に置かれた貧しい分断国家であり、李承晩、朴正熙と続いた長い権威主義体制下にあった。1960年代に入り、急速な経済成長を開始するも、その経済は依然不安定であり、常に大きな貿易赤字を抱えていた。

だからこそ当時の韓国は経済的にはもちろん、安全保障その他の分野でも日本からの支援を必要としていた。そして、このような状況から多くの日本人、とりわけ当時の状況を知る年配者は、漠然と、韓国は不安定で遅れた国であり、だから常に日本の助けを欲しているのだという認識を持つことになった。

しかし、それは遠い昔のことである。権威主義政権が終焉を迎えた韓国の民主化は1987年。それから数えても今日まで約35年の月日が過ぎている。多くの人が韓国の経済危機として思い浮かべるアジア通貨危機は1997年。既に述べたように、四半世紀近くも前のことである。先にも挙げた前回の東京五輪は敗戦から僅か19年後。35年はもちろん、四半世紀近い年月もまた、ある国やその社会が姿を一変させるに十分な期間であることがわかる。

一人当たりGDP（PPPベース）で日本を上回る韓国

指摘しなければならないのは、こうした韓国との間の「上下関係」が、日本社会において時に特殊な意味を持ってしまっていることである。例えば次ページの表1はPPP（購買力平価）ベース、つまり各国・地域の物価の違いを調整した後での、一人当たりGDPを示したものである。上位10か国と、それ以外の主要国を抜き出してその数値を示してみた。

こうして見ると、時に我々が考える以上に、世界がこの数十年で大きく変わっていることがわかる。このIMF（国際通貨基金）の調査によれば、日本の一人当たりGDPは約4万4000ドル。しかし、その数字の印象は、どの国と比べるかによってずいぶん変わってくる。例えば、この数字は欧州の主要国であるイギリスとイタリアの間に位置する、と言えば、多くの人にとってそれはそれほど悪いものには見えないだろう。

しかし同じ数字を東アジア諸国と比べてみた時、皆さんの目にどう映るだろうか。東南ア

表1　一人当たりGDP世界ランキング
（IMF、PPPベース）

	国名	（ドル）
1	ルクセンブルク	122,740
2	シンガポール	102,742
3	アイルランド	99,239
4	カタール	97,262
5	マカオ	90,606
6	スイス	75,880
7	ノルウェー	69,171
8	アメリカ	68,309
9	ブルネイ	64,405
10	香港	62,839
15	台湾	59,398
18	ドイツ	56,956
23	カナダ	51,713
25	フランス	49,492
26	サウジアラビア	48,099
27	イギリス	47,089
28	韓国	**47,027**
31	日本	**44,585**
33	イタリア	43,376
～		
56	ロシア	29,485
75	タイ	19,004
76	中国	18,931

出典：The World Economic Outlook, https://www.imf.org/en/Publications/SPROLLS/world-economic-outlook-databases（最終確認2021年11月15日）より筆者作成

ジアを含む東アジアで最も所得水準が高いのは、世界第2位のシンガポール。その数字は日本の2倍を大きく超えるものとなっている。しかし、今やこの統計で日本を上回っているのは、シンガポールだけではない。マカオ、ブルネイ、香港、台湾、そして、韓国も2018年以降は、日本の上位に位置している。

欧州諸国と比べれば、それほど悪いものに見えない数字が、アジア諸国と比べれば悪いも

のに見えてくる。だとすれば、それは日本の一人当たりGDPの数値の問題ではなく、我々が各国に対して持っている印象の反映である。つまり、我々は漠然と、欧州諸国は先進国であり、彼らの生活水準が我々より高いのはある程度仕方がないと考えている。しかし、アジア諸国に対しては、逆に漠然と、彼らの所得水準が我々より低いのが当たり前だと考えがちだ。だからこそ、欧州諸国と比べた時には低く見えない数字が、アジア諸国と比べた時には低く感じられることになる。

当然のことながら、それはかつて欧州諸国の所得水準が、東アジア諸国より遥かに高かった時代に作られたステレオタイプな認識の反映である。さらに重要なのは、このようなステレオタイプな認識が、他国のみならず我々の自身のアイデンティティにも影響を与えていることだ。例えば、「日本の所得はドイツより低いですね」と言われても何とも思わない人が、「日本の所得は台湾より低いですね」と言われた時には、少し不愉快に感じるとすれば、それは「ドイツより生活水準が低いこと」とは異なり、「台湾より生活水準が低いこと」が、日本人のプライドに何かしらの影響を与えることを意味している。

そしてこのような日本人の心の中のざわつきは、「ドイツと台湾」以上に、「台湾と韓国」において大きくなる。実際筆者が各所で行う講演会などでも、「台湾の生活水準は、統計上、今や日本より高くなっていますよ」と言っても何の反応も示さない人たちが、「韓国の生活水準も、統計上今や日本より高くなっていますよ」と重ねると、「そんな訳がない」と懸命に反論を始める場面に数多く遭遇してきた。

明らかなのは、こうして日本人の自らのアイデンティティと関連したアジア諸国に対する古いステレオタイプな拘《こだわ》りが、我々をしてアジア諸国の状況を冷静に見ることを難しくしていることである。そして、その要素は韓国を見る際にはさらに強く働いている。

日韓の賃金を比較する

「韓国って隣の国だから、情報も多いし、理解するのが簡単だと思っていたんですが、必ずしもそうではないんですね。じゃあ、今の日韓両国の関係は、どうやって確認していけばいいんでしょうか」

韓国は隣の国だからたくさんの交流があるし、情報もある。だが同時に隣の国だからこそ我々は過去にも多くの関係を持っており、その結果としての思い込みや偏見をも多く持っている。そして、その思い込みや偏見は、状況が大きく変わりつつある時には、現実を直視する際に大きな妨げとなる。そしてそれはやはり、個人と個人の関係と同じである。

例えば我々は、自分とあまり関係を持たない他人については、冷静に判断し、その判断に基づいて行動することができる。しかし、家族や友人、恋人に対して、同じように対処することは容易ではない。我々は彼らとの深くて長い交流を持っているからこそ、彼らに対して予断を持っている。「うちの子がそんなことをする筈がない」「彼女が自分を裏切る筈がない」。そして、我々はその予断を裏切られた時に深く失望する。しかしそれは、単に自分が誤った予断を持って彼らに接し、勝手に間違えた結果なのである。

それでは、客観的に見るのが難しい、近くて古くから交流を持つ国を、少しでも冷静に見るにはどうしたらよいのだろうか。それはまず、両者の状況を比較できる、できるだけわかりやすい数字を見ることだ。そこでここでは今の日韓関係を示す統計を幾つか見てみよう。

既に一人当たりのGDPや経済成長率、さらには経常収支については紹介してきた。そこでここでは両国の平均年間賃金を比較してみよう。次ページのグラフ9は、やはり物価水準を調整したPPPベースの数字である。日韓両国の位置を見るために、比較のためにイギリスとイタリアも入れてある。

グラフ9　各国の平均年間賃金の推移（PPPベース）

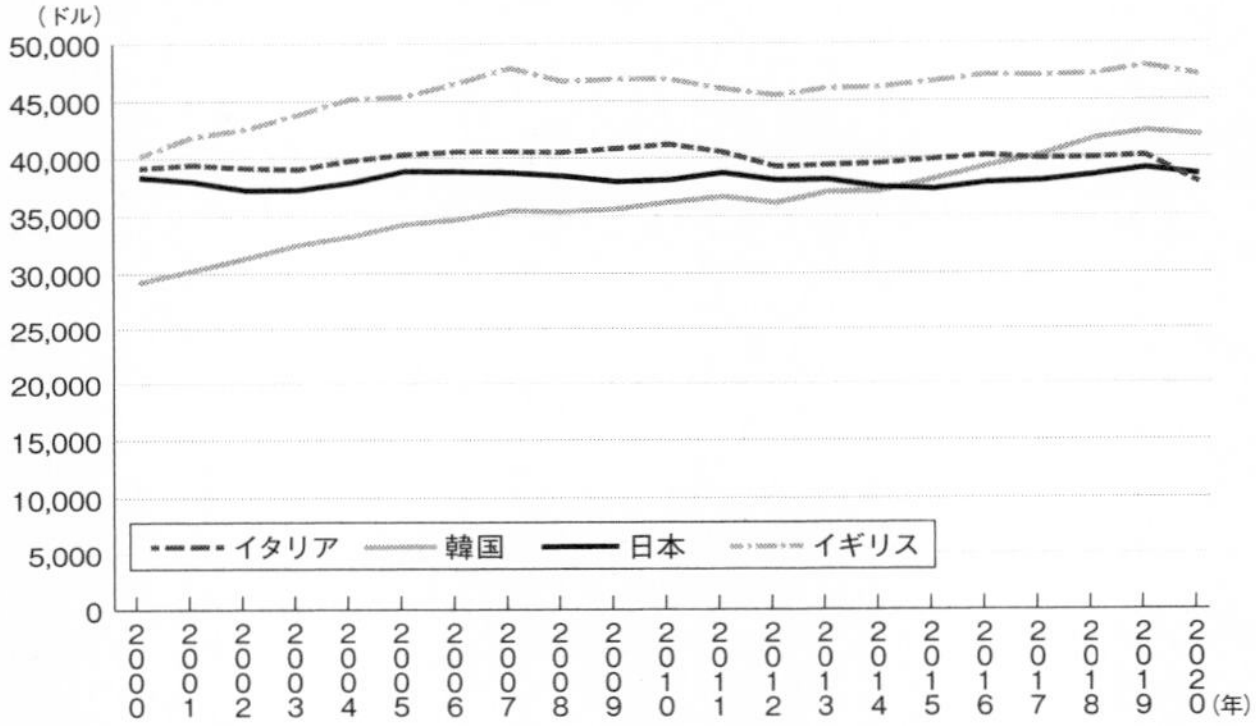

出典：OECD Statistics, https://stats.oecd.org/（最終確認2021年10月25日）

さて、ここでわかるのは、実は日韓両国の間の経済的格差が接近、或いは一部で逆転したのも、実は最近ではないことだ。例えばこの統計によれば、日韓両国の実質平均賃金が逆転したのは、2015年、今から7年も前のことである。

とはいえ、後に詳しく述べるように、アジア通貨危機以降、新自由主義的な経済改革を進めてきた韓国では、経済格差が次第に大きくなっていることが知られている。では、貧しい労働者の賃金で見れば、数字はどうなるのだろうか。グラフ10は、やはりPPPベースで見た年間実質最低賃金の比較である。

こちらでもやはり2015年に数字が逆転しているから、日韓両国の間の賃金逆転は、サムスンや現代《ヒョンデ》といった、韓国の主要企業に働く、恵まれ

グラフ10　年間実質最低賃金の推移(PPPベース)

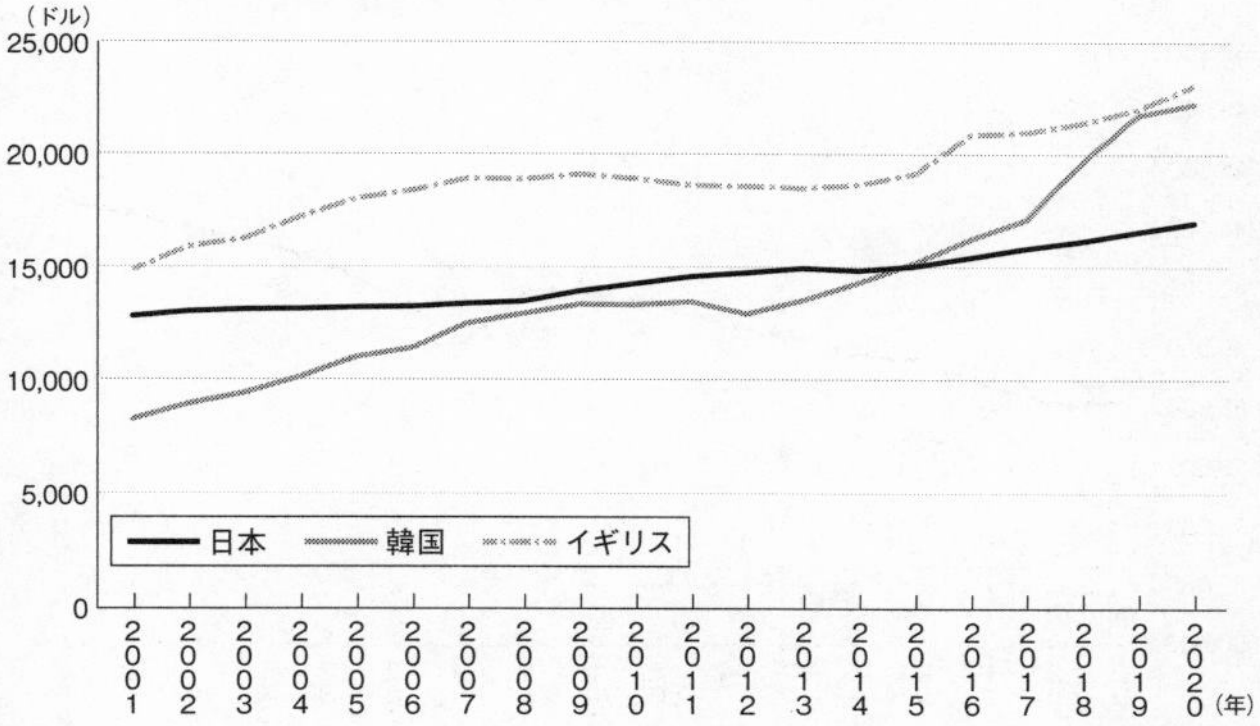

出典：OECD Statistics, https://stats.oecd.org/（最終確認2021年10月25日）

た労働者との間にだけ起こっているのではないことがわかる。さらに言えば、時に経済政策としての失敗が強調される、2017年に成立した文在寅政権の最低賃金引上げ政策により、どれだけ韓国の最低賃金が引き上げられたかもよくわかる。つまり、最低賃金で働く労働者の待遇については、日本と韓国の間では、今日大きな開きが生じるにさえ至っているのである。

既に述べたように、日韓両国の経済成長率は1980年代以降、ほぼ一貫して韓国が日本を上回っている。だからこそ、今の傾向が続けば、日韓両国の経済水準は、単に韓国が日本を凌《りょう》駕《が》するだけでなく、今後はその差がさらに開いていくことになる。

次ページのグラフ11は、2026年までの今後

グラフ11　日韓両国の一人当たりGDP予測（PPPベース）

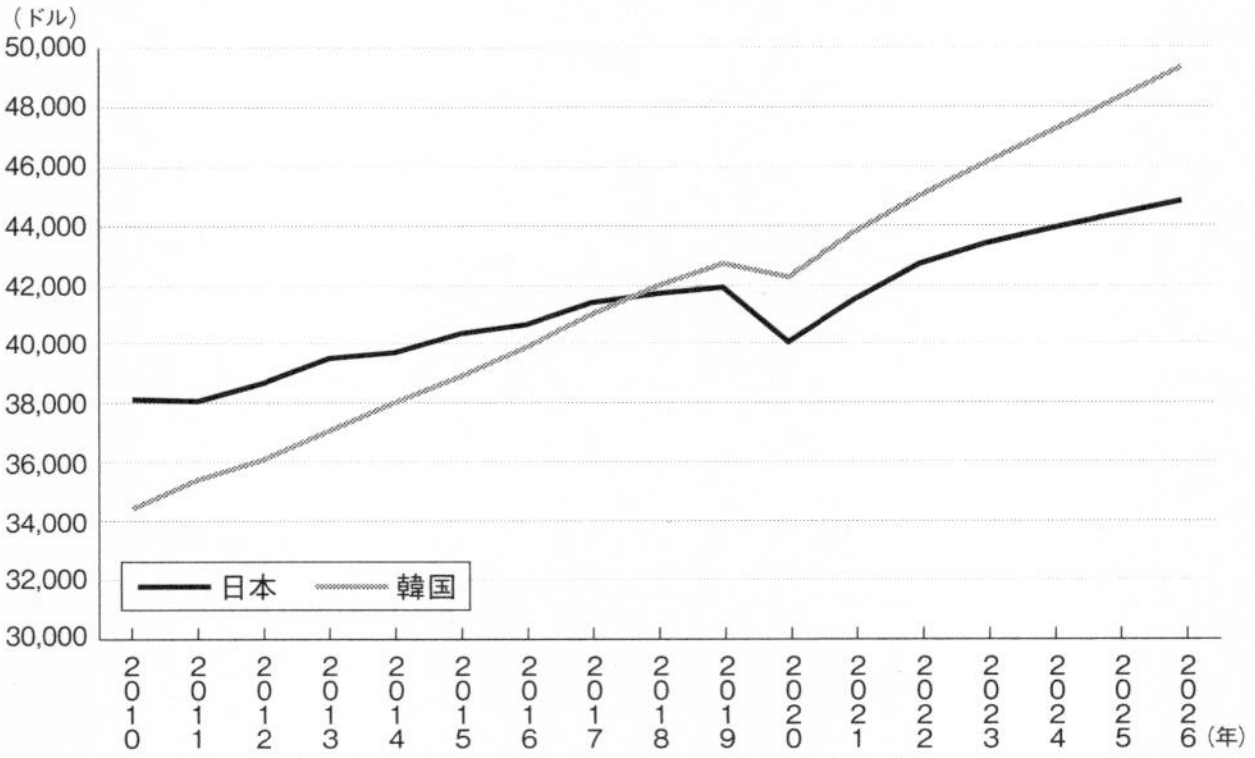

出典：IMF, Real GDP, https://www.imf.org/external/datamapper/NGDP_RPCH@WEO/OEMDC/ADVEC/WEOWORLD（最終確認2021年10月25日）

の一人当たりＧＤＰの動きをＩＭＦが予測したものである。新型コロナ禍が両国経済に与えた影響の違いにより、両国の所得水準の開きが大きくなっていることがわかる。この推計が正しければ、５年以内に日韓の所得差は５０００ドル近くまで開くことになる。

もちろん、日韓両国の間の統計上の違いには、両国の高齢化の水準の違いなども影響しているから、それが直ちに両国の経済的パフォーマンスの違いを意味する訳ではない。例えば、所得や賃金の少ない高齢者が多くなれば、必然的に平均所得や平均賃金も低下するからである。なので、これらのデータだけから直ちに現在の韓国の生活水準が日本を上回っているとは言えないし、将来において韓国が全ての面で日本を必ず凌駕するだろうと断定するのも拙速に過ぎる。韓国には韓国固有の問題があり、それが、将来の発展を妨げる可能性もあるからである。今日の韓国がどのような問題を抱えているか、については、後に章を改めて述べることにしよう。

少なくとも明らかなことは、如何《いか》なる数値においても、日韓両国の水準がかつてとは異なり、大きく接近し、一部では逆転しつつあることである。そして、それを否定することはもはや不可能な状況になっている。

韓国の面積、人口、GDP

「それでも、韓国は日本と比べると小さな国じゃないですか。だからその韓国が多少経済成長しても、両国の関係が大きく変わる訳ではないんじゃないですか?」

日本人が韓国を見る時の視点の一つは、「韓国は小さな国だ」というものである。確かに、世界地図で見る限り、韓国は間違っても「大きな国」ではない。とはいえ、我々はその「国際社会における大きさ」をどの程度正確に理解しているだろうか。

例えば、朝鮮半島の大きさがどれくらいか、問われて正確に答えられる人はどのくらいいるだろうか。答えは約22万4000平方キロメートル。本州の面積が約22万8000平方キロメートルだからそれとほぼ同じか、少し小さいくらいの規模である。そしてこの朝鮮半島における分断国家である韓国の面積は、その半分より少し小さい約10万平方キロメートル。島としての北海道と九州を合わせたのとほぼ同じ大きさになる。とはいえ、「面積の小ささ」は国際社会における国家の影響力にはあまり関係がない。経済力にせよ軍事力にせよ、国力を作り出すのは「国土」ではなく、「国民」だからである。

韓国の面積を世界各国と比べると105位。しかし、この国の人口密度は、347・1人の日本を大きく上回る529・7人に及んでおり、結果、2019年現在で5100万人、世界28位の数の人々がこの国では暮らしている。この5100万人という人口を欧州諸国と比べれば、ドイツ、フランス、イギリス、イタリアに次ぐ規模になる。韓国と同じG20参加国と比べるならば、カナダ、オーストラリア、アルゼンチン、サウジアラビアは、韓国よりも小さな人口規模しか有していない。

そして既に述べてきたように、今日の韓国の生活水準は大きく向上し、一人当たりGDPは日本や欧州諸国と同等の水準にある。国全体の経済規模は「一人当たり所得×人口」だから、この人口の大きさと所得水準が、韓国経済の規模にそのまま反映されることになる。
ＩＭＦの推計値によれば２０２１年の韓国のＧＤＰは１兆８０６７億７００万ドル。こちらは名目ベースでの数字である。この数字は、ロシアやブラジル、オーストラリアを上回り、世界第10位に相当する。因みに少し興味深いのは、同じ数字は物価を勘案したＰＰＰベースになると、物価の安いブラジルやトルコに抜かれて14位に落ちることである。世界的に見れば韓国は、もはや国際的には「物価の高い国」になっていることがわかる。

表2　GDPランキング（IMF、名目ベース）

国名	（百万ドル）
アメリカ	22,675,271
中国	16,642,318
日本	5,378,136
ドイツ	4,319,286
イギリス	3,124,650
インド	3,049,704
フランス	2,938,271
イタリア	2,106,287
カナダ	1,883,487
韓国	1,806,707
ロシア	1,710,734
ブラジル	1,491,772
オーストラリア	1,617,543
スペイン	1,461,552
メキシコ	1,192,480

出典：The World Economic Outlook, https://www.imf.org/en/Publications/SPROLLS/world-economic-outlook-databases（最終確認2021年11月15日）より筆者作成

こうして見ると少し意外なことがわかる。48ページ表１で示したように、生活水準が上がって日本を追い越しつつあるとはいえ、韓国の一人当たりＧＤＰは30位を少し上回る程度でしかない。しかし、

ランキングは経済の規模で見るとむしろ大きく跳ね上がり、世界10位圏内に入るのである。そしてそれは実は面積で小さく見える韓国が、スウェーデンやオランダといった、欧州諸国を中心とする韓国より豊かな国々の多くよりも、遥かに大きな人口を持っているからである。

「韓国が地図上の見かけ以上に大きい存在なのは、わかりました。でも、それは国際社会においてどのような形で現れるのでしょうか」

地図上では小さく見える韓国が、国際的には地図上の見かけ以上に大きな存在であることを端的に示すのは、この国が２００８年以来、Ｇ20首脳会合に招かれていることであろう。周知のように、この首脳会合に招かれているのは韓国の他に、アメリカ、イギリス、フランス、ドイツ、日本、イタリア、カナダ、ＥＵ、ロシア、中国、インド、ブラジル、メキシコ、南アフリカ、オーストラリア、インドネシア、サウジアラビア、トルコ、アルゼンチン。Ｇ７を構成する古くからの先進国と、世界の各地域を代表する「地域大国」が名を連ねる会議に、小さな面積の韓国が招かれているのは、何よりも先に述べたような大きな経済力の故である。

しかし、このような小さな韓国の「大きさ」は経済分野においてのみ存在するのではない。例えば表3は、スウェーデンの著名な国際問題研究所であるストックホルム国際平和研究所が毎年出している、世界各国のドル換算での軍事費ランキングである。ここでも経済規模全体を表すGDPと同じく、韓国が世界10位に位置していることがわかる。

表3　軍事費ランキング（2020年）

	国名	（百万ドル）
1	アメリカ	778,232.2
2	中国	252,304.2
3	インド	72,887.45
4	ロシア	61,712.54
5	イギリス	59,238.46
6	サウジアラビア	57,519.42
7	ドイツ	52,764.76
8	フランス	52,747.06
9	日本	49,148.56
10	韓国	45,735.39

出典：SIPRI Military Expenditure Database, https://www.sipri.org/databases/milex（最終確認2021年10月25日）

韓国の軍事費は世界10位

そして既におわかりのように、このような軍事費面における韓国の位置の上昇は、何もこの国が北朝鮮や日本をはじめとした周辺国に備えて、殊更《ことさら》に軍事力を強化しているからではない。次ページのグラフ12は、冷戦崩壊以降の各国の軍事費のGDPに占める割合を、アジア諸国を中心に見てみたものだ。明らかなのは、少

グラフ12　GDPに対する軍事費の割合

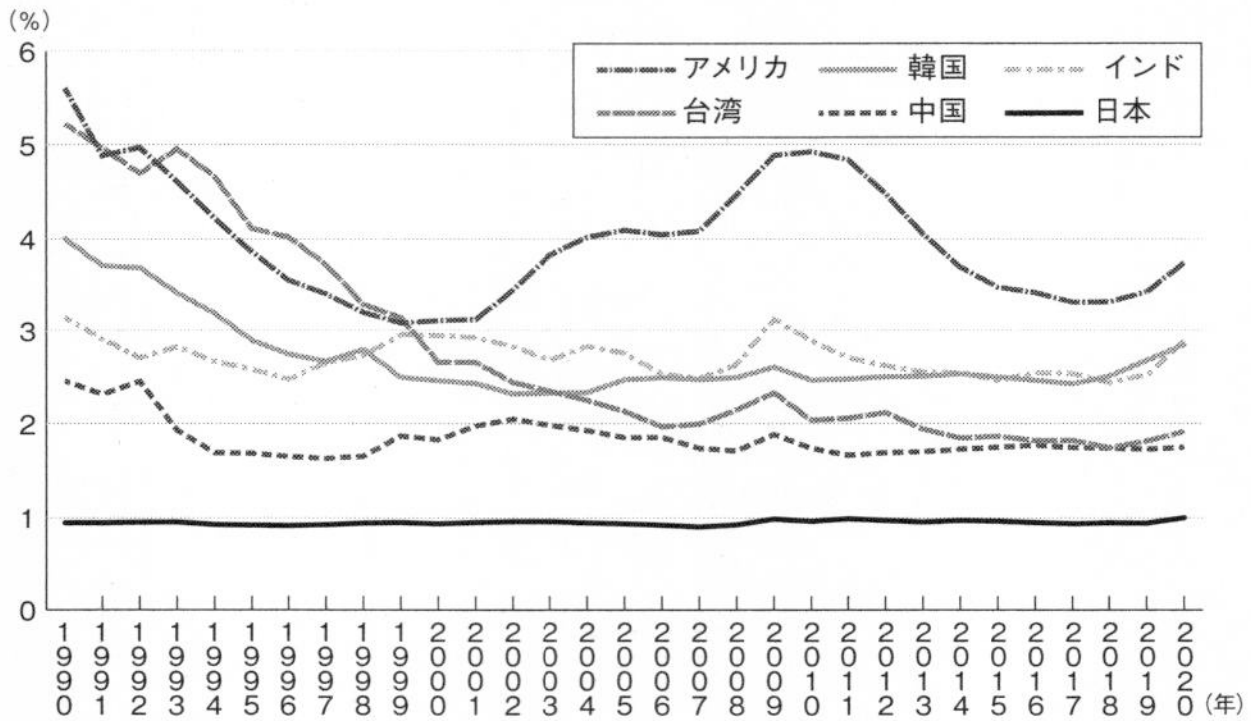

出典：SIPRI Military Expenditure Database, https://www.sipri.org/databases/milex（最終確認2021年10月25日）

なくともこの統計による限り、韓国をはじめとするアジア諸国は、自らの経済に負担をかける形で軍事費を増やしている訳ではない、ということだ。つまり、少なくともこのデータベース上において彼らの軍事費が増えているのは、単純に彼らの経済的規模が拡大しているからなのである。

因みに日本とは異なり韓国では、政権が保守派から進歩派に変わっても、軍事費が削減される訳ではない。例えば上のグラフを少し細かく見ればわかるように、ＧＤＰに占める韓国の軍事費の割合は、２０１７年に成立した文在寅政権下で、むしろ上昇基調になっている。北朝鮮や中国に対して警戒を向け、米韓同盟を重視する保守派とは異なり、韓国の進歩派は同盟に頼らない「自主国防」の実現を目指している。だからこそ「自らの手で自らの国を守る」ために、進歩派の下で、むしろ軍事費が拡大する、という現象も起こるのである。

とはいえ、同時に同じグラフから明らかなように、そうした文在寅政権の傾向性も、この国の軍事費とＧＤＰにまつわる関係に大きな影響を与えている訳ではない。現在の韓国はＧＤＰにして世界第10位の経済力を持つ国であり、だからこそ彼らがそのＧＤＰに対して相応の割合で軍事費を出せば、その規模が同じく世界10位に達するのは、ある意味当たり前なのである。

しかし、このような状況は、日本と韓国の間の関係には大きな影を落とすこととなる。次ページのグラフ13は、その点を今度は、時間的変化を入れてみたものだ。２０００年には、日本の4分の1を少し超える程度にしか過ぎなかった韓国の軍事費の規模が、僅か20年の間に日本に追いつきつつあることがわかる。そしてそれはこのままの状況が続けば、軍事に関わる問題では、韓国が「一人当たりのＧＤＰ」といった社会や国家の「平均値」ではなく、「総体としての軍事費」という「全体値」においても、日本を上回ることを意味している。

だからこそ、韓国の人々は大きくなった自らの国力に自信を持つようになり、日本に対する姿勢もそれにつれて変わっていくことになる。軍事費の増加は軍事力の強化へと直結する

グラフ13　ドル換算での軍事費推移

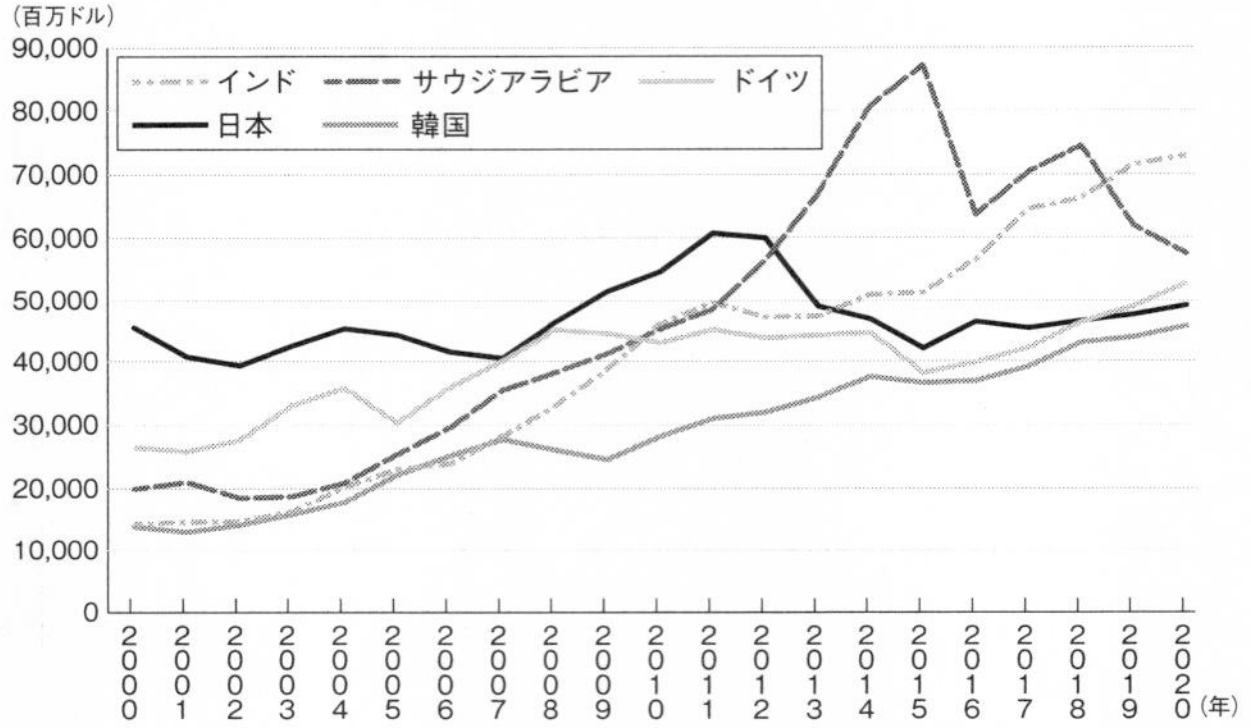

出典：SIPRI Military Expenditure Database, https://www.sipri.org/databases/milex（最終確認2021年10月25日）。

から、この増加が続けば、安全保障上も韓国の行動の自由度は増していくだろう。様々な数値が示すように、それが今の韓国や、日韓関係を取り巻く現実なのである。

古い誤ったステレオタイプに安住しても、単に現状を見誤るだけであり、それは結局、我々の国益をも損なうこととなる。そろそろ現実を真面目に見るべき時に差し掛かっているのではなかろうか。

第3章 「日本は韓国を植民地支配していない」は本当か

「日本は韓国を植民地支配していない」という言説

「日韓関係を考える上では、現在の問題だけでなく、過去の問題も重要ですよね。そしてやっぱりそこで第一に重要なのは、植民地支配を巡る問題になるのでしょうか」

慰安婦問題や徴用工問題、さらには靖国神社や歴史教科書の記述内容を巡る諸問題。日韓関係を巡る問題の多くは、1910年から45年までの35年間行われた日本の朝鮮半島における植民地支配と関連を有している。

さらに言えば、韓国では竹島（韓国名独島《ドクト》）を巡る領土問題もまた、植民地支配を巡る問題の一つだと考えられている。即ち彼らは、日露戦争最中の1905年1月、日本政府が島を公式に「竹島」と名付け、島根県に所属することを確認した閣議決定を行ったことを理由に、竹島は1910年の韓国併合に先立って、日本に最初に奪われた韓国固有の領土だと理解しているのである。そしてそこにこそ、韓国の人々が竹島問題に極めて敏感に反応する理由の一つがある。つまり、このような理解を持つ彼らの目には、日本が竹島の領有権に対する主張を強めると、再び朝鮮半島への侵略の意図を持っていることの現れなのではないか、と映るからである。

このような韓国側の理解の妥当性はともかくとして、今日の日韓関係において、様々な問題が植民地支配を巡る問題と結びついてしまっているのは、日本側においても同様である。その典型は先にも触れた、2019年7月に日本政府が発動した、一部半導体関連産品に関わる韓国への「輸出管理措置」の発動であろう。この問題は本来、戦略的な重要性をも持つ一部半導体関連産品の管理を、韓国側が十分行っていないことから生じた、純然たる貿易管理上の問題であり、日本政府は韓国政府に対してこの問題の解決をその3年以上前から求めてきた。つまり、元々は植民地支配を巡る問題とは全く無関係な問題であったと言ってよい。にも拘わらず日本政府はこの問題を、元徴用工問題に関わる韓国大法院判決以降に悪化した、歴史認識問題を巡る状況と意図的に連結させ、利用しようと試みた。その意図は、前章で引用した当時の菅官房長官の記者会見での発言に明確に表れている。

明らかなのは、植民地支配が終焉してから既に75年以上の月日を経た今日においても、この植民地支配を巡る問題が、両国関係を揺るがせていることである。だからこそ、この問題を理解しなければ、日韓関係を理解することは困難になっている。

「でも、日本の朝鮮半島に対する支配はそもそも植民地支配じゃなかった、と言う人もいますよね」

日本の朝鮮半島や台湾における支配は、植民地支配ではなかった、という主張がある。例えばある人たちは、日本の植民地支配下において、一定の経済発展があったことを以て、その支配が植民地支配ではなかった、と主張する。また他のある人たちは、朝鮮半島や台湾の人々に教育が与えられ、大学が建設されたことを以て、やはり日本の支配は植民地支配とは言えない、と力説する。そこで強調されるのは、例えば、イギリスのインド支配や、オランダのインドネシア支配などとの相違である。

しかし、このような議論には大きな欠陥が存在する。何故なら、「あるもの」(この場合には日本による朝鮮半島支配)が、何かしらの「カテゴリー」(この場合には植民地支配)に当てはまるか否かを議論する際には、「あるもの」の実態がどうあるか以前に、まず「カテゴリー」の範囲がどこからどこまでなのかが決まらなければならないからである。そしてそれは、この日本による朝鮮半島支配が植民地支配であったか否かを巡る議論においては、日本における朝鮮半島支配の実態以前に、まず、植民地支配とは何か、が定義されなければならないことを意味している。例えて言うなら、植民地支配の定義を決めずに、日本の朝鮮半島支配が植民地支配であったか否かを議論するのは、ストライクゾーンを決めないで、投手の投げた球がストライクか否かを議論するようなものである。そのやり方では、まともな議論ができる筈がない。

「植民地」の定義とは

だからここでも、日本の朝鮮半島支配自体の議論の前に、植民地とは何であるかから考えてみよう。最初に重要なのは、歴史上に登場する「植民地」には実に様々なものがある、ということだ。日本語の「植民地」という語は、英語のcolonyをはじめとする西洋諸語からの翻訳語であり、これらの西洋諸語の語源はラテン語のcoloniaにあるとされている。このcoloniaとは、ローマが自らの占領地に置いた軍事基地や植民都市のことである。

とはいえ、ここで西洋諸国において、これらのラテン語やそれと関連する各国語の植民地に当たる言葉が、長い歴史の中でどのように用いられ、それがどのように変化してきたかを、論じるのはあまり意味がない。時代や場所が変われば概念が変わるのは当たり前であり、その移り変わる概念の中で、日本の朝鮮半島支配がそれに該当するか否かを議論するのは、控えめに言っても生産的とは言えないからだ。先ほどと同じ野球の比喩を用いれば、異なるストライクゾーンを持つ審判を前にして、ある投手が投げた一つの球がストライクか否かを議論するのが無意味なのと同じである。当然ながら、その結果はある審判の基準ではストライクであり、異なる審判の基準ではストライクではない、という結論にしかならないからだ。

では、投手の投げた一球をストライクであるか否かを決定するにはどうしたらいいか。言うまでもなくそこにおいては、どこからか明確な基準を持ってくる必要がある。例えばかつて、日本とアメリカのプロ野球ではストライクゾーンに違いがある、と言われたことがあった。また、野球草創期のストライクゾーンは今とは大きく異なっていた、という話もある。当時のストライクゾーンは今より遥かに広く、だからこそ打者はとても大変だった、という類の話である。

しかし、当然ながら、日本のプロ野球の試合で突然、アメリカの基準を持ってくるのはナンセンスだし、況《ま》してや20世紀初頭、野球草創期のストライクゾーンを、2022年の日本のプロ野球に適用するのは論外である。2022年の日本のプロ野球で投じられた一球がストライクか否かを判断する基準は、飽《あ》くまで同じ時期、同じ場所、つまり、2022年の日本のプロ野球で用いられているストライクゾーンでなければ意味がない。しかも、それはスタンドから試合を見ている「ファン」のものではなく、その道の「専門家」のものである必要がある。

さて、それでは日本が朝鮮半島を支配していた時期の日本人は、「植民地」についてどのように理解していたのだろうか。ここで紹介するのは、日本が朝鮮半島や台湾を支配していた当時の植民地問題の「専門家」である、「植民政策学」の研究者の理解である。例えば、京都帝国大学教授であった山本美越乃《みおの》は植民地を次のように定義している。

植民地とは断かる本来の国土外に於て新たに国家の領有したる土地にして、国法上之を本来の国土と同一に取扱ふことなく特別の方法に依りて統治する地方を称す、但し茲に注意すべきは仮令国家が其の本来の国土外に於て新たに土地を領有し、且之に対して特別の統治を行ふも、若し国法上に於て明かに該地域を分離す可からざるものと定め、以て本来の国土の一部分中に加ふる時は固より之を植民地と看做すことを得ず。何となれば断かる場合には単に一国内の地方に特別の必要上特別の統治を行ふと云ふに過ぎずして、本来の国土外に別に存在せる地域なるもの無きを以てなり、

（山本美越乃『植民政策研究』弘文堂書房、１９２０年、54－55ページ）

結局、ここで山本が述べているのは、植民地とは、法律上、本来の国土つまり本土から明確に区別され、異なる法律によって支配されている土地だ、ということである。つまり明らかなのは、山本が植民地を法律的に定義しようと試みていることである。そしてそれは当然だった。時代は既に20世紀、植民地を有する列強はいずれも、程度の差こそあれ、近代的な法的枠組みを以て統治を行っていた時代だったからである。

ここで重要なのは、植民地とは定義上「場所」だということであり、これと区別される「本国」とどう異なっていたかである。だから、そこにおいては支配者と被支配者、つまりは「人と人」の違いがどうであったかではなく、その本国と当該地域、「場所と場所」の違いがどのように表れていたかを確認する必要がある。何故なら、「人と人」との関係、例えば差別などの問題は、植民地以外の場所、つまり「本国」でも起こるからである。１９６０年代までのアメリカではアフリカ系住民への差別が存在していたが、それによりこの時期の

アメリカ合衆国が植民地であった、ということになる筈がない。

そして、その「場所」が本国とは異なる状態に置かれているとしたならば、近代的な法的枠組みを持つ国家においてその理由は一つしかない。それはその「場所」に本国とは異なる法律が適用されているからである。何故なら、ある「場所」において、本国と全く同じ法律が適用され、さらにはその法律が遵守されているなら、住民の権利・義務関係は、必然的に本国と同じになるからだ。例えば、その「場所」に住む人々が国政に参与することができないような状況に置かれているとするならば、その理由はその「場所」における法律、例えば憲法や選挙法の適用状況が、本国とは異なるからである。

だからこそ、植民地を本国と分ける基準は、どのような法律が適用されているかであり、また適用されている法律を見れば、その「場所」が植民地か否かがわかることになる。

ある時期から、植民地という言葉を使わなくなった日本人

「とはいえ、戦前には朝鮮半島や台湾に対する支配は植民地ではない、とする人たちもいたじゃないですか。そういう人たちの理解はどうなるんですか」

表4　新聞記事の見出しに見る「植民地」の使用例

	読売新聞	朝日新聞
1895-99	5	0
1900-04	4	0
1905-09	10	0
1910-14	39	15
1915-19	40	5
1920-24	98	106
1925-29	86	184
1930-34	102	145
1935-39	7	5
1940-45.8	0	4

出典：「聞蔵IIビジュアル：朝日新聞記事データベース」、http://database.asahi.com/index.shtml（最終確認2021年10月25日）、及び「ヨミダス歴史館」、https://database.yomiuri.co.jp/rekishikan/（最終確認2021年10月25日）より筆者作成。なお、ここでは朝鮮半島や台湾などに関わる記事の数だけを示している

歴史を見る時に重要なのは、状況を過度に単純化して考えないことだ。例えば、日本の朝鮮半島支配は１９１０年から45年までだから、35年の長きにわたっている。そしてその間には、日本国内では明治期前半に全盛を誇った藩閥政治が、大正デモクラシー期の政党政治へと変わり、さらには、満州事変を経て総力戦体制へと変わっている。当然ながら、そのような大きな変化の中で、日本の植民地支配の在り方が変わっていない筈がない。

例えば、朝鮮半島の植民地支配について議論の的になる、慰安婦問題や徴用工問題、さらには、創氏改名を巡る問題などが起こったのは、基本的に１９３０年代後半以降、総力戦期においてのことである。だから、日本統治期における朝鮮半島の状況を、最初から最後まで

同じようであったと考えるのは、明らかに過度の単純化だと言える。

そして同じことは、日本人側の朝鮮半島支配に対する理解についても言うことができる。例えば表4は『朝日新聞』と『読売新聞』が、朝鮮半島や台湾など、日本の支配地域を示す用語として、「植民地」という語を用いた見出しを持つ記事の数を示したものである。明らかなのは、これらの新聞が1930年代の前半までは、朝鮮半島や台湾を示す語として「植民地」を当たり前に使っていたのにも拘わらず、ある時期からほとんど使わなくなっていることである。つまり、戦前の日本人が有していた朝鮮半島や台湾が「植民地」か否かに関わる認識は、大きな変化があったのである。

それでは、「植民地」という語が使われなくなった後、戦前の日本人はこれらの地域をどのように表記していたのだろうか。その答えは「外地」である。やはり、『朝日新聞』と『読売新聞』の記事の推移を示すと次ページの表5のようになる。ちょうど、「植民地」が使われなくなった時期に、一斉に「外地」という語が使われるようになっていることがわかる。

このような変化は何もこれらの新聞においてのみ見られるのではない。例えば、日本政府内においても、「植民地」という語は、ある時期までは朝鮮半島や台湾を示す語として当たり前に使われていた。大蔵省においては、朝鮮総督府や台湾総督府、さらには樺太《からふと》庁などの

表5　新聞記事の見出しに見る「外地」の使用例

	読売新聞	朝日新聞
1895-99	0	0
1900-04	0	0
1905-09	3	0
1910-14	0	0
1915-19	1	0
1920-24	0	0
1925-29	0	0
1930-34	80	108
1935-39	114	131
1940-45.8	92	136

出典：「聞蔵IIビジュアル：朝日新聞記事データベース」、http://database.asahi.com/index.shtml（最終確認2021年10月25日）、及び「ヨミダス歴史館」、https://database.yomiuri.co.jp/rekishikan/（最終確認2021年10月25日）より筆者作成。なお、ここでは朝鮮半島や台湾などに関わる記事の数だけを示している

予算は一括して「殖民地特別会計」という名のカテゴリーにまとめられており、これらに勤務する官僚も「植民地」官僚と呼ばれていた。施行される法令は「植民地」法令という形で一括され、整理されることとなっていた。内務省はこれらの地域について『殖民地要覧』或いは『殖民地便覧』を毎年発行し、朝鮮総督や台湾総督は、関東州長官と並んで「植民地長官」と呼ばれ、日本政府は一時期これらを集めた「植民地長官会議」をも定期的に開催することとなっている。

　このように朝鮮半島や台湾に対して当たり前に使われていた「植民地」という表現が、突如として使われないようになり、代わって「外地」が使われるようになった経緯については、実は日本政府自身による説明が存在する。外務省条約局が１９５７年に出版した『外地

法令制度の概要』によれば、この経緯は以下のようなものになっている。

次に、外地なる呼称が情報されるにいたつたのはそれ程古いことでなく、二十五年前の昭和四年、拓務省（Department of Oversea Affairs）が設置された頃からであつて、拓務省の前身で規模の小さな拓務局時代には殖民地あるいは植民地なる名称をもつて海外領域あるいは異法地域の代称とした。ただ、公文には殖民地というような総括的な呼称を用いることは少なく、法文上の表現同様「朝鮮又は台湾」「朝鮮及台湾」というように一々具体的に地域名を使用してきた。外地なる称呼は前記拓務省設置の際、原案が拓殖省官制（かつて明治二十九年に設置されたのは拓殖務省であり、ヨーロッパ諸国の外地統理機関は植民省（the Colonial Office）と称せらるのが普通）で、枢密院の審議に上程されたところ、拓殖は拓地殖民（development and colonization）を意味し、我が海外領域中にはその対象地（殖民地）としての名にふさわしくないものがあつて、統治上面白くない節があるとの理由で、強硬反対の向があつたため、拓務省と修正する結果となつた由であるが、当然の帰結としてその所管地域についても使い慣らされた殖民地なる称呼に替え、外地という名が慣用されるにいたつたのである。（外務省条約局第三課編『外地法令制度の概要』外地法制誌・第2

部、外務省条約局第三課、1957年、1-2ページ）

つまりは、1930年代に入ってからの「植民地」から「外地」への用語の変容は、「統治上面白くない節がある」という極めて国内的なそして政治的な理由によるものであり、何かしらの統治の実態の変化を伴ったものでなかったのである。

つまり、1930年代以降に用いられた「外地」という語は、このような国内の政治的理由から用いられた、「植民地」という語の言い換えにしか過ぎなかったことになる。そして同じ外務省の文書は「外地」の定義について次のように述べている。

本稿で外地とは内地＝日本本土（Japan proper）に対して、法制上異なる地域、即ち日本の領域中憲法の定める通常の立法手続で定立される法が原則として施行されない地域、換言すれば異法地域（the teritory governed by laws other than those of Japan proper）を指称するのである。これを具体的に説明すれば、戦前の日本領域中本州、四国、九州及び北海道並びに行政区画上これらの島のいずれかに付属する島嶼をくるめて内地と言い、朝鮮、台湾、関東州租借地及び南洋委任統治地域並びに昭和十八年四月一日内地に編入される前の樺太及びこれらの地域に附属する島嶼を外地というのである。（外務省条約局第三課編『外地法令制度の概要』外地法制誌：第2部、外務省条約局第三課、1957年、1ページ）

「外地」とは、単に当時の政治的配慮に基いて「植民地」に代わって使われるようになった語に過ぎず、その「外地」とは「内地＝日本本土に対して、法制上異なる地域、即ち日本の領域中憲法の定める通常の立法手続で定立される法が原則として施行されない地域、換言すれば異法地域」のことである。結局そのことは、日本政府の植民地に対する公式見解が、先に紹介した「植民政策学者」の山本の理解と全く同じものであったことを示している。

「他民族支配型植民地」と「移住型植民地」

「なるほど、植民地とは本国と異なる法律が適用されている場所のことだ、という認識は日本政府の公式見解でもあったんですね。なのにどうして、植民地を巡る議論はこんなに混乱したものになっているのでしょうか」

これには明確な理由がある。それは「植民地とは何か」という議論をする際に、多くの人が見逃しがちな要素がもう一つあるからだ。

第一は、それは現実の歴史上に存在した植民地の多様性を忘れていることだ。例えば既に述べたように、「日本の台湾や朝鮮に対する統治は、植民地支配ではなかった」と言う人たちが、漠然と念頭に置いているのは、イギリスによるインド支配や、オランダによる今日のインドネシアに対する支配など、欧米諸国によるアジア・アフリカなどの地域に対する支配である。ここでは便宜上、このような植民地を、少数の宗主国人が圧倒的多数の現地の先住民を支配する、という意味で「他民族支配型植民地」と呼んでおくことにしよう。

しかし、第二次世界大戦以前に世界各地に存在した植民地には、これとは全く異なる形のものも存在した。例えば、イギリス領であったカナダやオーストラリア、さらには独立以前のアメリカのような、宗主国の人々が多く移民した結果、元々住んでいた先住民が圧倒的な少数派に転落してしまった植民地である。ここでは先の形態における植民地と区別するためにこれを「移住型植民地」と呼ぶことにしよう。

さて、考えればすぐにわかるように、同じ「植民地」であっても、この二つの地域における支配の在り方はずいぶん違っている。よく知られているように、日本が朝鮮半島を支配していた時期において既に、カナダやオーストラリアでは幅広い自治が行われ、宗主国のそれに近い政治が行われていたからである。

しかし重要なことは、このような地域もまた、当時の世界では「植民地」である、と当たり前に見做されていたことである。否、より正確に言えば、既に紹介したように、そもそも「植民地」という語は、元々、ローマが建設した植民都市などを意味するものだったのだから、宗主国から多くの人々が移住し、宗主国と類似した社会を作ることになったカナダやオーストラリアの方が、むしろ本来の意味での「植民地」だ、と言うことすらできる。

植民地とは、こうした様々な形態で行われた欧米諸国の「本国と区別される地域」の総称であり、だからこそ、各々の支配の在り方の違いにまで詳細に分け入って、その定義を議論することはあまり意味がない。インドが入らない植民地の定義に意味がないように、カナダが入らない植民地の定義もまた恣意的なものであり、何よりも当時の人々の「植民地」に対する理解に明らかに反しているからである。

そしてそのことは、どんなに声高にインドやインドネシアの状況との違いを強調しても、それにより朝鮮半島や台湾が「植民地ではなかった」ことを証明できないことを意味している。

「確かにカナダやオーストラリアを含めると植民地のイメージはずいぶん変わりますよね。でも、それと日本の朝鮮半島や台湾に対する統治が、欧米諸国の『他民族支配型植民地』と同じだったか否かは、異なる問題なのではないでしょうか」

もちろんそれはその通りだ。現実に存在した植民地支配の在り方は実に多様であり、だからこそ、その多様性を無視して、日本による朝鮮半島や台湾に対する統治が、欧米諸国の植民地支配と同じものであったのか否かを議論するのはあまり意味がない。そこで第二の点として、ここでは議論を整理するために、今度はその比較の対象を欧米諸国の「他民族支配型植民地」に限定して考えてみよう。

例えば、日本による朝鮮半島や台湾に対する支配の特殊性を、その支配下において大きく人口が増えた点に置く人たちがいる。そこでは人口増加は、即ち、経済発展や衛生状況の好転の証であり、だから同じ現象がなかった欧米諸国の植民地支配とは異なるのだ、というのである。

確かに、日本統治下の朝鮮半島や台湾で人口が増えたのは事実である。それでは欧米諸国の統治下にあった植民地では人口は増えなかったのだろうか。

グラフ14　植民地における人口増加

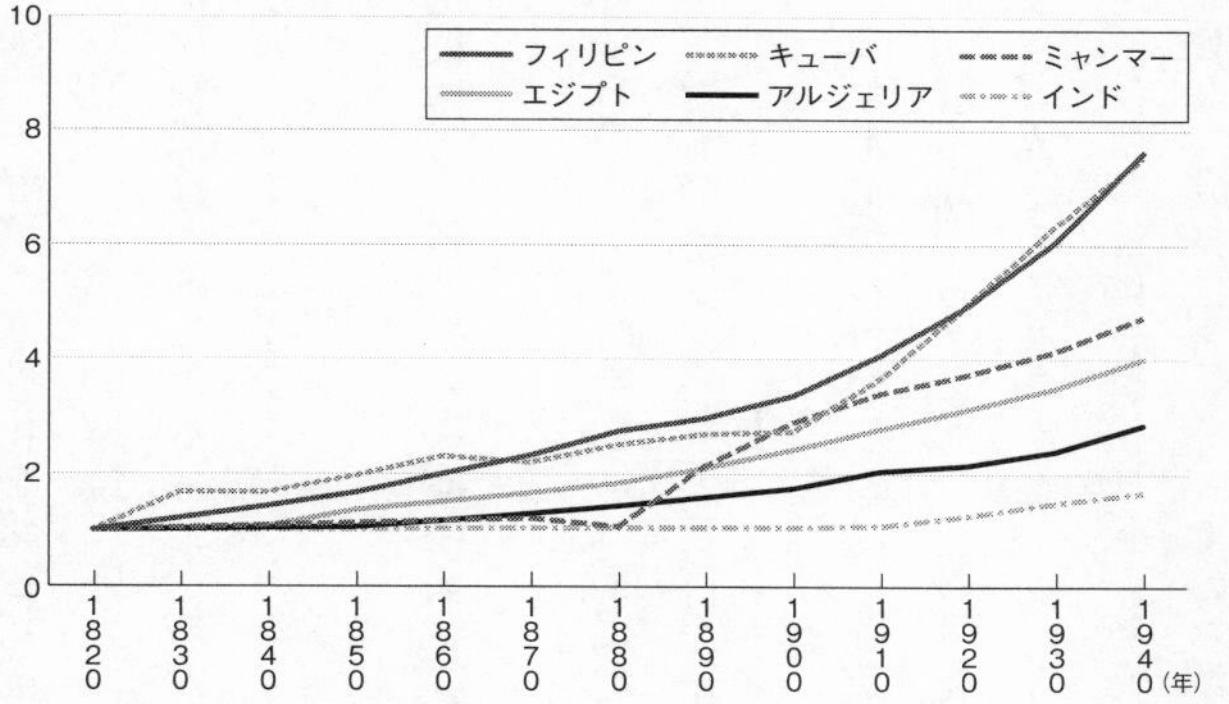

出典：Maddison Project Database 2018, https://www.rug.nl/ggdc/historicaldevelopment/maddison/releases/maddison-project-database-2018?lang=en（最終確認2020年9月26日）より筆者作成。1820年の人口規模を１とした割合を示している

例えば、グラフ14はとある著名なオランダの研究機関が推計した、19世紀における各地域の人口を示したものである。明らかなのは、程度の差は大きく異なるとはいえ、19世紀、欧米諸国の支配下に置かれた多くの地域でも、ほぼ等しく急速な人口増加が見られたことである。特にそのことは、日本が台湾や朝鮮半島を支配したのと同じ、19世紀末から20世紀前半において顕著だった。

背景に存在したのは、西洋列強における資本主義と民主主義の発展であった。西洋列強本国における両者の発展は、本国から植民地に投資する人々の増加と、投資家たちの政治的発言力の高まりをもたらした。即ち、そこには本国の人々が自らの経済的利益のために、植民地経済の活性化を望む状況が存在し、だからこそ民主主義が根付き始めていた西洋各国政府は、有権者の期待に応えて、植民地への積極的な投資を行った。結果、この時期の各植民地では本国による「上からの」経済的刺激により、経済が活性化し、それにより人口も増加することになったのである。

植民地フィリピンの経済も飛躍的に成長した

だからこそ、この時期には植民地の経済そのものも大きく発展している。グラフ15はそれを示したものである。こちらは、データの関係上、20世紀に入ってからの数字になっている。

このデータからわかるのは、確かに朝鮮半島や台湾では経済成長がうかがえるものの、それは朝鮮半島や台湾においてのみ見られた現象ではなかった、ということである。言い換えるなら、程度の差こそあれ、同時期に欧米諸国の支配下に置かれた「他民族支配型植民地」でも、ほぼ一般的に経済成長が見られている。とりわけアメリカの支配下に置かれていたフィリピンの成長は著しく、その水準は朝鮮半島や台湾のそれとほぼ同じになっている。

グラフ15　アジア地域の経済成長

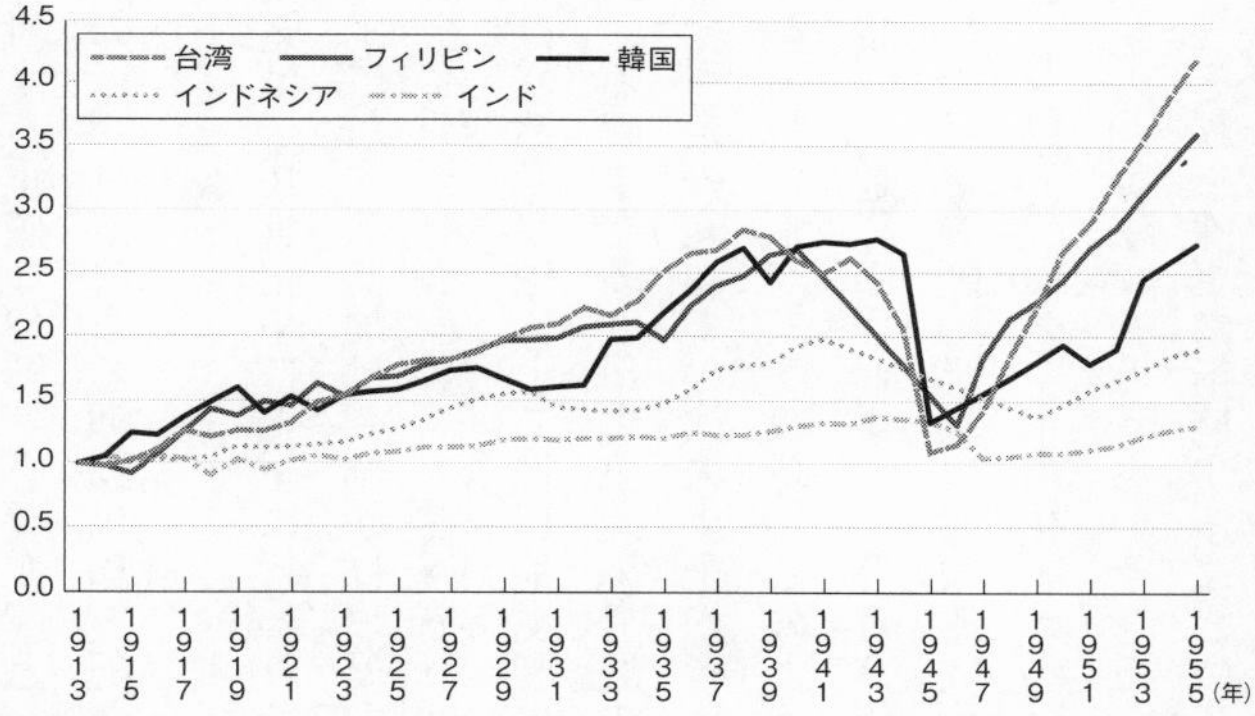

出典：Maddison Project Database 2018, https://www.rug.nl/ggdc/historicaldevelopment/maddison/releases/maddison-project-database-2018?lang=en（最終確認2020年9月26日）より筆者作成。1913年のGDPを１とした数字。なお、このデータベースでは各々国のデータは現在の国民国家の領域で整理されているので、本グラフでも「朝鮮半島」ではなく、「韓国」という名称で記している

本論からは少し外れるが、このグラフからは第二次世界大戦が如何にこの地域の経済に甚大な被害を与えたか、そして1910年代から30年代までの経済成長の成果が、この戦争によって、一旦ほぼ完全に失われていることもわかる。日本の植民地支配は第二次世界大戦の時期までを含むのだから、その下での経済的成長を考える上では、本来なら、この日本自らが起こした戦争により失われた大きな部分があることも、見落とされてはならないだろう。

重要なのは、「日本の支配は他国とは違った」と言うためには、まず以って他国、つまりは欧米諸国の植民地支配の実

態に対する正確な理解が必要だ、ということである。そしてその場合に注意しなければならないのは、日本による朝鮮半島支配が行われたのが、飽くまで20世紀前半だということである。

例えば、16世紀や17世紀に行われた、スペインやポルトガルによる、今日のラテンアメリカ諸国に対する支配は、確かに、暴力をむき出しにしたものであり、そこでは現地社会の発展などはほとんど考慮されていなかった。しかし、それから300年以上を経た20世紀においては、欧米諸国による植民地支配の在り方は全く異なるものとなっていた。そこには本国における資本主義と民主主義の発展の結果が反映されており、大きな差別意識を前提としつつも、一定の範囲での法の支配が行われるようにもなっていた。

にも拘わらず、人々は時にこのような欧米諸国が行った植民地支配の時代的変化を無視して、議論を進めようとする。300年もの時間差がある、16世紀のスペインの植民地支配と20世紀の日本の朝鮮半島に対する支配の間に違いがあるのは当然である。なので前者と異なることを以て、後者を正当化するのは、同じ16世紀の豊臣秀吉による朝鮮出兵時の状況を、20世紀の国際法で裁くくらいナンセンスな行為だ、と言ってもいい。両者が違うのは当然であり、それを殊更に指摘することに意味があるとは言えない。

「そうか、まずは当時の世界の状況を理解しないと、他国と違うとは言えないんですね」

我々は日本の植民地支配について考える時には、19世紀末から20世紀のことしか考慮に入れていないのに、欧米諸国のそれを考える時には、16世紀や17世紀のことまで含めて十把一《じっぱ》からげに議論してしまう。しかもその時視野に入れているのは、インドやインドネシアなどの限られた地域だけであり、カナダやオーストラリアなど、状況を全く異にする地域のことは忘れてしまっている。それは控えめに言っても恣意的な議論であり、少なくとも学術的な観点からは、意味のあるものではない。

日本は欧米の植民地支配を模倣した

そして、時期や対象を揃えて比べてみた時、明らかになるのは、日本の朝鮮半島や台湾に対する支配はむしろ、当時の欧米諸国が行った「他民族支配型」の植民地支配のトレンドによく適ったものだった、ということである。

そしてそれには理由があった。何故なら、日本の朝鮮半島や台湾に対する統治は、実は、同じ時期に欧米諸国が行っていた「他民族支配型」の植民地支配の在り方を詳しく研究し、これを模倣した結果だったからである。例えば、台湾や朝鮮半島で教育制度の整備に当たった研究者であり、行政官でもあった幣原坦《しではらたいら》は自らの著作で次のように記している。なお、この幣原坦は敗戦直後の首相の一人として知られる幣原喜重郎の実兄である。

> 朝鮮に於て、合邦の最初より、否、寧ろ其の以前の保護国時代より、教育に重きを置かれたのは当然の事であるか否かといふに、素よりこれは正鵠を失して居ない。各国民が殖民地を領有するに当つて、（中略）土着人を教育すべきや否やの研究は、全く過去のことであつて、文明の今日に於ては問題とならないのである。
>
> （幣原坦『朝鮮教育論』六盟館、1919年、5ページ、傍点は原文のまま）

幣原はここから進んで、オランダによるインドネシア支配を例に挙げ、当初は現地人教育に関心を持たなかったオランダが、今では「土着人」教育の重要性を認識して、これを積極的に行うようになったと述べている。

そして彼がこのように主張するのは当然であった。何故なら韓国が日本に併合された1910年、欧米諸国においてその植民地における教育制度への調査を行い、その後の朝鮮半島の教育制度の設計に当たった人物の一人が、この幣原自身に他ならなかったからである。見落とされてならないのは、幣原とその調査に象徴されるように、朝鮮半島や台湾を統治するに当たり、当時の日本人が西洋列強の植民地支配の最新のトレンドを詳細に研究し、ここから取捨選択する形でその統治システムを作り上げた点である。

だからこそ、当時における日本の朝鮮半島や台湾に対する統治の在り方が、西洋列強のそれから大きく逸脱することは、最初からあり得なかった。顧みれば明治の日本人は、植民地への支配の在り方のみならず、全てにおいて西洋列強を模範とし、その経験をモデルとして自らの社会を作り上げていった。そのような状況下で、朝鮮半島や台湾における支配の在り方だけが、西洋列強のそれと大きく異なるものとなることは、最初から考えられないことだったのである。

結果として、教育、法制度、経済等々の全てにおいて、日本の朝鮮半島や台湾に対する統治は、むしろ、当時の世界のトレンドを忠実に追うものとなっていった。既に述べたように、植民地での経済開発は、19世紀後半以降の西洋列強の植民地支配の大きなトレンドであり、各国の植民地では活発なインフラ整備やプランテーションの設置が行われていった。単純な収奪により利益を上げるのでなく、積極的な投資により植民地経済を大きくし、これによりさらに大きな経済的利益を獲得するのが目的である。単純な収奪による利益が一過性のものに過ぎないのに対し、投資を行い、その経済の拡大により得られる利益は、持続性があり、将来に向けてさらに利益を大きくしていくことができるからである。

その結果こそが、これまた既に示したような多くの植民地での急速な人口増加や、経済成長に他ならなかった。経済成長には人的資源の開発が必要であり、だからこそ欧米諸国同様、日本もまた植民地での教育に力を入れた。イギリスがインドに、フランスがアルジェリアに、そしてアメリカがフィリピンに大学を作ったのに倣って、日本もまた朝鮮半島や台湾に大学を作った。

植民地における開発には費用がかかり、結果として、中央政府と植民地政府の財政的関係は、中央政府の側が赤字になることとなった。これまた日本のみならず、ほとんどの宗主国と植民地の間に見られた現象である。それは例えば、今日の日本において農村部の地方自治体が中央政府からの財政支援に依存しているのと全く同じ構造である。

そしてそれは、現在日韓両国の間で大きな問題となっている、戦時における植民地からの動員においても同じであった。第一次世界大戦において多大な負担を強いられた西洋諸国では、植民地からの人的動員が行われ、多くの人々が兵士や労働者として動員された。当然のことながら、動員を円滑化するためには、その対価として彼らにより多くの権利を与えざるを得ず、また宗主国人と共に戦い労働するために、現地住民への積極的な同化政策が行われるようになった。

西洋列強において、軍隊では植民地出身の将校が出現するようになり、議会においても例外的な存在ながら、植民地出身の議員が登場するようになるのも、正にこの時代なのである。

西洋列強の影を追い求めて自らの国家を築き上げた戦前の日本人にとって、朝鮮半島や台湾の領有はその大きな成果の一つであり、だからこそ彼らはその統治においても、西洋列強をモデルとしてこれを行った。仮に我々が明治の先人に真に敬意を払い、彼らから何かを学ぼうとするなら、自らの作り上げた幻想ではなく、当時の人々が実際に何を考え、求めようとしていたかを真摯《しんし》に顧みることの方が遥かに重要だと思うのだがいかがだろうか。

第4章

日韓間では、なぜ今も歴史認識問題が起きているのか

西洋諸国では、旧植民地諸国との関係は落ち着いている

「でも、日本の植民地支配が西洋列強に学んだものだったとしたら、どうして今もそれが問題になり続けているんですか。だって他の国では植民地支配に関する議論は、ずっと落ち着いているじゃないですか」

尤《もっと》もな疑問である。日本と韓国の間に植民地支配を巡る議論が依然として存在するのは明らかであり、逆にもっとたくさんの植民地を持っていた西洋諸国の旧植民地諸国との関係は、それよりもずっと落ち着いているように見える。だからそう考えたくなる気持ちもわかる。このような事態になっているのは、きっと、日本による朝鮮半島や台湾などに対する支配が、他国と大きく違っていたからに違いない、と。

しかし考えてみよう。ある同じようなものに対して、人々が違った反応を見せている。確かにその場合のあり得る原因の一つは、「同じようなもの」の中身が違っているからだろう。しかし、それは考えられる唯一の原因ではない筈だ。何故なら、中身が全く同じでも、それ

に対する評価や反応が変わることなど、この世の中には幾らでもあるからである。

「うーん、喧嘩《けんか》をしても謝り方が違ってくればその後の関係が変わってくる、みたいな話でしょうか。喧嘩の内容が同じでも、ちゃんと謝るか謝らないかで、その後の関係が変わってきたりしますよね」

それも一つの例だろう。そしてだからこそ、時に人々は問題が起こった時、当事者、とりわけ問題の発端となった行為を起こした側の「その後」の行動に注目することがある。例えば、日本の植民地支配に関する議論なら、それは植民地支配を行った側、つまりは日本の戦後の行動に原因を求める議論である。第二次世界大戦後のドイツの周辺国に対する謝罪と比較して、日本の植民地支配を巡る周辺国との紛争が絶えないのは、日本政府や日本人の謝罪が不足しているからだ、とする議論はその典型である。

とはいえ、こと植民地支配を巡る議論については、この説明もまた問題を孕《はら》んでいる。何故なら、自分たち、つまり列強間で戦った戦争については、丁寧な謝罪を行う西洋諸国だが、植民地支配やその下にあった人々の被害については、自らの支配を公式に謝罪し、誤りを認めている例は、決して多くないからだ。

そして、数少ない謝罪が行われているケースも、その在り方は限られている。一つは2021年にドイツが自らのナミビア支配について行ったような、支配の最中における、特定の事件に向けられた謝罪がそれである。しかし、この場合、謝罪は植民地支配そのものに対して向けられている訳ではない。もう一つはアメリカやオーストラリアの政府が行ったような、現在は少数民族となっている人々への謝罪である。しかし、これらの謝罪は、今では自国民の一部になっている人々に対する謝罪であり、そもそもそれはかつての宗主国政府によってではなく、そこから独立した国の政府によって行われている。言い換えるなら、今日の世界において、植民地支配そのものを謝罪した例は稀であり、またその支配が違法なものだとは——少なくとも宗主国側には——一般に見做されていない。

このようなかつての西洋列強と比べれば、こと植民地支配に対しては、日本は——それが十分か否かは別にして——むしろ、積極的に謝罪を行っている事例になる。例えば、2015年、終戦70周年の談話で、当時の安倍首相は以下のように述べている。


事変、侵略、戦争。いかなる武力の威嚇や行使も、国際紛争を解決する手段としては、もう二度と用いてはならない。植民地支配から永遠に訣別し、すべての民族の自決の権利が尊重される世界にしなければならない。

先の大戦への深い悔悟の念と共に、我が国は、そう誓いました。自由で民主的な国を創り上げ、法の支配を重んじ、ひたすら不戦の誓いを堅持してまいりました。70年間に及ぶ平和国家としての歩みに、私たちは、静かな誇りを抱きながら、この不動の方針を、これからも貫いてまいります。

（ロイター、２０１５年８月14日、https://jp.reuters.com/article/idJPT9N10003E20150814［最終確認２０２１年12月11日］）

周知のように安倍は、歴代の日本首相の中でも、民族主義的な考え方の持ち主として知られた人物であり、その彼ですらこのように述べていることは、逆に日本国内において、違法と見るか否かは別としても、少なくとも植民地支配が「悪《あ》しきこと」であったという理解が相当程度まで共有されていることを示している。

いずれにせよ明らかなことは、少なくとも、西洋諸国の例と比べた時、日本の植民地支配に対する周辺国の依然として残る不満を、相対的な謝罪の不足によってのみ説明するのは、極めて困難だ、ということだ。

反日意識を生み出したのは反日教育か

「謝罪が十分か否かと、植民地支配を巡る議論が続いているか否かは、いつも相関関係がある訳じゃないんですね。では、原因はどこにあるんでしょうか。韓国側の行動でしょうか。例えば反日教育の影響を指摘する人もいますよね」

悪い評価を受けるのは悪いことをしたからだ。或いは、同じことをやっていても悪い評価を受けるのはそれをきちんと反省していないからだ。この二つの考え方に共通しているのは、結局、悪い評価は評価を受ける側が悪いからだ、という論理である。言わば因果応報、というものだ。

これに類似した考え方として、逆に評価を受ける側ではなく、評価をする側にその責を求める考え方がある。つまり、同じことをしているのに、評価が異なっているのは、評価する側がアンフェアだからだ、という考え方である。その考え方は、いたずらをして学校で先生に怒られた子供が、「Aちゃんだってやっているもん」と開き直るのに少し似ている。そしてそこにおいて主張されているのは、実際には「Aちゃんが悪い」ということではない。批判されているのは、評価が恣意的だ、ということであり、不満は評価者（ここでは「先生」）に対して向けられている。

植民地支配を巡る問題にこれを置き換えれば、日本の植民地支配を巡る問題がかくも長期化している原因は、日本の側の行動ではなく、これを非難する旧植民地側にある、という議論になる。そしてそれは韓国に対しては、日韓間の歴史認識問題が長期化しているのは、韓国が反日教育をしているからだ、という主張に典型的に現れることになる。そしてさらにそこでは、韓国の反日教育は、政治家たちが反日意識を高めて自らの支持を集める目的のために行われている、とも主張される。いずれにしても、悪いのは日本ではなく韓国だ、という理解である。

とはいえ、この説明にも、根本的に無理がある。仮に反日意識を高めることが政治家その他の支持を高めることに貢献するとするならば、その前提として韓国社会に既に日本やその植民地支配に対する大きな反発がなければならない。何故なら、反日意識の存在しない所でそれを声高に叫んでも、それにより得られるものは何もないからだ。人々の理解に反する主張を行えば、むしろ批判されて支持を失ってしまう場合だってあるだろう。

反日教育云々《うんぬん》についても同じことが言える。考えてみよう。今日の教育の影響を受けるのは、既に成人している人たちではなく、現在、学校で教育を受けている子供たちである。だからその教育の結果が社会に大きな影響を与えるのは、今の子供たちが一定の年齢に到達し、社会の主流を占めるようになる数十年も先のことである。つまり、教育内容の変化が、ある社会全体の意識を変えていくまでには、とても長い時間が必要なのである。だから当然ながら、例えば、今の韓国人の反日意識が、近年の朴槿恵政権や文在寅政権の反日教育の結果である筈がない。

そもそも韓国の人々の間において、日本の植民地支配を否定的に考え、それへの謝罪や補償を求めるという意味での「反日意識」は、いつから支配的になったのだろうか。例えば、1948年、建国直後の韓国において圧倒的な支持を受けて初代大統領に就任したのは李承晩である。言うまでもなく、その彼が支持を集めた最大の理由は、長い日本との民族闘争の経歴にあり、その強い反日意識も広く知られている。そして、そのような李承晩を支持した植民地支配からの解放直後の人々の認識が、政治的な意図を持った「反日教育」によって作られた筈がない。何故なら、当時の朝鮮半島において政治的権利を行使できた「大人」が教育を受けたのは、日本統治下においてだからである。日本がわざわざ自らの統治下で反日教育を行ったという事実は存在しないし、そもそもそんなことを行う理由がある筈がない。

歴代の韓国の歴史教科書を見ればわかるように、韓国人の植民地支配に対する否定的な認識は、李承晩を大統領に選出した当時から現在まで、基本的に何も変わっていない。韓国の人々は植民地支配終焉の直後において既に強い反日意識を有していたからこそ、やはり強い反日意識の持ち主として知られた、老民族運動家の李承晩を大統領に選出した。つまり、こうして選ばれた歴代大統領の反日的な言説は、韓国の人々の反日的な意識の原因ではなく、むしろその結果でしかないのである。

韓国初代大統領の李承晩
（大統領在任期間1948〜1960年）

「結局、どこかに悪い人がいて、悪いことをしたから悪い結果になった、と考えるのは単純すぎるんですね」

行ったことは他人とそれほど変わらない。そしてその後も、少なくとも自分なりには、他の人と同様、いやそれ以上の対処をしてきた筈だ。にも拘わらず、自分はどうしてこんなに激しく非難されているのだろう。そんな理不尽な思いをしたことは、誰にだって一度や二度はある筈だ。

このような場合、重要なのはともかく相手が不満を依然として持っていること自体を認めることだ。そしてそこからどうしてその不満が「今」自分にぶつけられているのかを考えればよい。

植民地支配とは、結局、宗主国が現地に住む人々に、本国に住む人々と同様の法律的権利などを与えないまま行う支配だから、現地に住む人々が不満を持つのは当たり前である。そしてそれは、日本以外の他の列強の植民地においても同様であり、そのこと自体に大きな違いがある訳ではない。否、彼らは不満を持っていたからこそ、列強に対して立ち上がり、時に大きな犠牲を払いながら、植民地支配から脱却しようとした。そうでなければ、彼らはいつしか宗主国に同化され、その完全な一部になっていたかもしれない。

問題解決のために大切なのは、できるだけ早く解決の手続に入ること

とはいえ、多くの旧植民地の人々が、韓国の人々が持つような、強い過去のへの拘《こだわ》りを、「今」も有しているようには思えない。仮に出発点が同じような状態だったとすれば、結果としての今日の状況が違うのは何故だろうか。この点を考える際にヒントになるのは、我々が日常生活において、様々な問題をどのように解決しているか、である。

例えば、何かしらの弾みで、酒席で喧嘩が起こったとしよう。しかもその喧嘩が、権力を持つ上司が、力のない部下に対して、衆人環視の場でハラスメントに近い行為を行い、遂にはそれに怒った部下が声を挙げた場合だと考えよう。それを上手く収めるには何が必要だろうか。

とりあえずは二人を引き離し、時間を稼ぐことだろうか。しかし、この場合、翌日職場に戻った上司が、ハラスメントを行った部下に誠実な態度を取るかは大いに疑問である。上司は自らの行ったことをうやむやにしようとするかもしれないし、部下からの訴えを無視するかもしれない。のらりくらりと追及をかわし、時間を稼いで逃げ切ろうとするかもしれないし、現場を見ていた人々に対して口封じを始めるかもしれない。仕事上の権限をちらつかせて、苦情そのものをなかったことにすることだってあるだろう。何たって上司は上司である以上、大きな力を持っているからだ。

重要なのは、力の差があるものの間のトラブルは、それが起こったその場で何らかの手が打たれなければ、時にうやむやになる、ということである。そして、当然、このようなやり方は後に良い結果をもたらさない。問題をもみ消された部下は、その行為を恨むだろうし、結果として、いつまでも怒りを持ち続けることになるだろう。上司のハラスメントに見て見ぬふりをする状況は、この部下が職場や社会に対して不信感を持つ原因になるかもしれない。

そして、大きな不満を持った部下は、長い時間をかけて出世を果たし、かつての屈辱を晴らすに十分に力を持つようになれば、その恨みを何倍にして返し始めるかもしれない。どこかのテレビドラマの表現を使えば「倍返し」ということになる。

しかし、これでは問題はいつまでもこじれ続けるだけである。このようにならないための、最も基本的な方法は、問題が起こった瞬間にきちんと情報を集めて保存し、人々の記憶が薄れない間に、できるだけ早く解決することだ。事件が起こった直後は、本人もそしてこれを目撃した証人たちの記憶も鮮やかであり、だから、事実関係に関わる紛争は起こりにくい。喧嘩が起こった現場では突き通せる嘘も多くはない。

また、問題が起こっている最中の当事者たちには、そこから抜け出すべき理由も存在する。酒場での口論が収拾のつかない事態になり、殴り合いに発展すれば、権力を持った上司だって大きな怪我をするかもしれないし、傷害罪で警察に突き出される可能性もある。だからこそ、問題の最中にいる人たちには、強い憤りの感情と同時に、早期に問題を解決する大きなインセンティブも存在する。

そう、ある問題を奇麗かつ簡単に解決したいなら、重要なことの一つは、問題が発生してからできるだけ早い段階で解決のための手続きに入ることだ。

植民地支配が終了するプロセス

そして、植民地支配を巡る問題の多くは、実はほとんどの場合、支配が終わると同時に解決されている。何故なら、植民地支配の終焉とは即ち、植民地の独立を意味しており、その達成のためには、それまでその地域を支配していた旧宗主国と、新たに誕生する独立国の間で様々な合意が必要になるからだ。

例えば、新たな国家が生まれるのだから、最低限、その領域と国民、さらには新たな国家が有する資産の範囲を決めなければならない。それまで植民地政府が有していた財産のうち、一体何が新独立国のものになり、何が旧宗主国の側に残るのかが決まらなければ、財産権を巡る争いも起こるだろう。新独立国の国民は誰であり、そこに例えば、植民地で生まれた旧宗主国人の2世や3世は含まれるのか、といったことが決まらなければ、独立後の選挙一つ行うことだって不可能だ。仮に一つの植民地だった地域が、複数の国家に分かれて独立するならば、その境界線、つまり国境はどこに設定されるのかも決める必要がある。旧宗主国の国民が植民地に有する財産が、そのまま彼らの手に残るのか、それとも新たに独立する国の政府や人々に接収されるのかも重要だ。

そして、さらに新独立国は旧宗主国に植民地支配の責任を追及し、その賠償を求めるのか、求めるなら賠償の金額は幾らであり、どのような形で支払いが行われるべきかも、決めなければならない。これらが全て決まらなければ、これまで一つの「帝国」であった地域から、新たな国家が独立することは不可能なのである。

明らかなのは、通常の植民地支配においては、その終焉の段階で、これらの全てが旧宗主国と新独立国の間で議論され、決定されることである。そして、そこでは両者の間で一定の妥協が必ず行われる。植民地側の独立運動に直面した旧宗主国は、その抑え込みに苦労する中で、自らの支配が人々に歓迎されていないこと、そして支配を続けることが負担でしかないことを思い知らされる。

そしてそれは植民地側も同様だ。例えば彼らが、これまでの屈辱的な支配への代償として、宗主国による謝罪と多額の賠償を望んでいるとしよう。しかし、それらの要求の全てを勝ち取るには、旧宗主国を完膚《かんぷ》なきまでに叩き、屈服させる必要があるだろう。宗主国は宗主国であるが故に、それなりに強大な力を有しており、植民地側には例えば、ロンドンやパリを陥落させて、無条件降伏を勝ち取るようなことは不可能である。戦いが長引けば、多くの血が流され、独立はさらに遠のくことになる。だから、宗主国との戦いを永遠に続けることができない以上、植民地側もまたどこかで妥協することを余儀なくされる。

両者には事態を終わらせるべき理由があり、またそれにより得られる確かで切実な利益も存在する。だからこそ彼らは最後には妥協し、その妥協が成立することにより、条約が結ばれ、植民地支配が終了する。こうして通常の植民地支配においては、様々な問題は、独立までにすべて奇麗に解決されることになる。新たなる独立国においては、民族の独立を実現した民族の英雄がおり、英雄は自らの結んだ条約の妥当性を国民に対して熱心に呼びかける。こうして、植民地支配を終わらせた条約は国民の間に定着していくことになる。

しかし、同じ条件は日韓両国の間には存在しなかった。インドのネルーが、独立後のイギリスとの友好関係を国民に呼びかけるような状況が、韓国の李承晩にはなかったであろうことは、誰にでも容易に想像できるだろう。

日本人と朝鮮半島の人々が交渉する機会は失われた

であれば、何故日本と韓国は同じことができなかったのか。答えは極めて簡単である。それは、朝鮮半島における日本の植民地支配終焉が、朝鮮半島の人々の手による独立運動の結果としてではなく、第二次世界大戦における日本の敗戦と、連合国の要求による朝鮮半島放棄の結果として実現され、その結果、両国が直接植民地支配の処理について話し合う場が、すぐには設けられなかったからである。

もちろん、それは朝鮮半島において独立を求める人々の動きがなかったことや、その動きが他の植民地と比べて小さかったことを意味しない。しかし重要なのはこの結果として、朝鮮半島の統治権が日本から朝鮮半島の人々に対してではなく、第二次世界大戦の戦勝国であったアメリカとソ連に引き継がれたことである。その結果、植民地支配が終焉する段階において、日本人と朝鮮半島の人々が直接向かい合い、お互いの利益関係をその場で整理し、清算する機会は失われることになった。

日本が最終的に韓国との関係を清算し、両国の間で国交が結ばれたのは１９６５年だから、実に植民地支配終焉から20年も後のことになる。日本が既に復興を果たし、前年の１９６４年には最初の東京五輪を開催し、東京と大阪の間には新幹線が開通していた頃である。

他方、朝鮮戦争の惨禍を経験した韓国は、この時点では、いまだ冷戦の最前線に位置する貧しい分断国家に過ぎなかった。だからこそ、この植民地支配終焉から20年を経た時期に結ばれた条約に向けた交渉は、日本の圧倒的優位の下に進み、時の朴正熙政権は大幅な譲歩を余儀なくされた。そしてその結果こそが、１９６５年、日韓両国が国交を回復するために締結した日韓基本条約と、その付属協定である「財産及び請求権に関する問題の解決並びに経済協力に関する日本国と大韓民国との間の協定」、通称、「日韓請求権協定」と呼ばれる条約である。よく知られているように、この協定は日本側から3億ドルの無償借款と2億ドルの有償借款、さらには別途設けられた交換公文で定められた3億ドル以上に相当する商業借款が韓国側に供与されることを前提として、次のように定めている。

両締約国は、両締約国及びその国民（法人を含む。）の財産、権利及び利益並びに両締約国及びその国民の間の請求権に関する問題が、千九百五十一年九月八日にサン・フランシスコ市で署名された日本国との平和条約第四条（a）に規定されたものを含めて、完全かつ最終的に解決されたこととなることを確認する。（「財産及び請求権に関する問題の解決並びに経済協力に関する日本国と大韓民国との間の協定」、https://www.mofa.go.jp/mofaj/gaiko/treaty/pdfs/A-S40-293_1.pdf［最終確認２０２１年12月10日］）

そしてその後、日韓両国政府はしばらくの間、この協定の文章に従って、１９４５年8月15日以前に日韓両国間に存在した、財産等の請求に関わる問題は全て最終的に解決した、とする前提を共有した。

しかし、それはこの解決に不満が残らなかったことを意味しなかった。とりわけ大きな不満が残ったのは、交渉の過程で、相対的に遥かに大きな国力を持った日本の前で譲歩を余儀なくされた韓国の側だった。彼らは考えた。本来なら、朝鮮半島を追われた日本が、新たに独立を獲得した韓国に対し譲歩し謝罪すべきなのに、逆に彼らは大きな国力にものを言わせ、我々のプライドを再び大きく踏みにじった。そもそも日本と条約を結んだこの政府は、かつての植民地支配への協力者であった朴正煕が、軍事クーデターで樹立した違法なものだ。だから、いつかは民主化を実現して、本当の国民のための政府を樹立し、さらには経済的にも日本に依存しない体制を作り上げ、もう一度、交渉をやり直さなければならない、と。

もちろん、外交交渉において、自らの国益を最大化するために様々な影響力を駆使するのは当然のことであり、当時の日本政府の行動に瑕疵《かし》があった訳ではない。しかし事実として忘れてはならないことは、事態がこのような経緯を辿った結果として、韓国の人々の間に、この時の植民地支配の清算のやり方に、大きな不満が残ったことである。

そして、このような状況は、やがて経済発展を遂げた韓国が力をつけ、さらには冷戦下の最前線に置かれる頸木《くびき》から解放された時、大きな動きをもたらすことになる。即ち、彼らはその後、それまでの請求権協定の解釈を変え、事実上無意味化させていく方向へと、動いていくことになるのである。

1992年まで、韓国は日本と同じ立場を取っていた

そして言うまでもなく、このような動きの重要な発端の一つを作ったのが、慰安婦問題で

ある。1992年1月、時恰《あたか》も大きな注目を集めつつあった慰安婦問題を巡って、はじめて、この問題が請求権協定の「例外」であることを主張し、日本への補償を求めた韓国政府は、その後「例外」の範囲を拡大していくこととなった。2005年には、時の盧武鉉政権が日韓基本条約締結に至るまでの外交文書を精査した結果として、慰安婦問題に加えて、韓国人被爆者の問題とサハリン残留韓国人に関わる問題にまで、この例外の範囲を公式に拡大させた。そして、2018年日本の最高裁判所に相当する大法院が徴用工問題について、請求権協定によっても個人的請求権は依然有効である、としたことはいまだ我々の記憶に新しい。2021年1月には、ソウル中央地方法院が、慰安婦問題に対する日本政府への直接請求権を認める判決を出し、日韓両国の請求権協定の解釈を巡る乖離《かいり》はさらに大きなものとなっている。

「ちょっと待ってください、ということは、韓国政府はずっと慰安婦問題や徴用工問題で日本や日本政府の責任を追及してきた訳じゃないんですか？」

意外に思う人も多いだろう。実は日韓基本条約とのその付属協定が締結された1965年から、盧泰愚政権が慰安婦問題で日本政府に対して公式の問題提起を行った1992年までの約27年間、韓国政府は、日本政府と同じく、慰安婦問題を含む全ての過去の請求権に関わる問題は「完全かつ最終的に解決された」という立場を取っていた。つまり、少なくとも両国政府の公式見解においては、現在我々が目にしているような、慰安婦や徴用工に関わる補償の問題を巡って日韓両国政府が外交的に対立する状況は、1992年までは存在しなかった。

もちろん、そのことは請求権協定に基づく植民地支配に関する処理の在り方に対する韓国の人々の不満が存在しなかったことを意味しない。日韓基本条約の締結に先立つ、1964年6月に、この条約の締結に反対する大規模な学生デモが発生したことにも表れているように、この条約の内容に韓国の人々は当初から強い不満の意を有していた。問題はそれにも拘わらず、当時の韓国政府が、日本政府と同じ請求権協定の解釈を維持してきたことである。

そして、そのことは我々が現在目にしている日韓両国間の歴史認識問題が、単なる植民地支配当時の出来事や、その解決のために結ばれた条約の在り方のみの産物ではないことを意味している。何故なら、仮に両国間の問題が植民地支配時の出来事や、条約の文言のみによってのみ決まるなら、これらの出来事や文言に対する人々の考え方が、後の時代に変化する理由は存在しないからである。過去は過去である以上、それが起こった後に変わることはなく、それ自体では、人々の同じ過去に対する認識の変化を説明することができない。にも拘わらず、人々の認識が変化するのは、過去そのものが変わったからではなく、過去について考える人々の考え方が変わったからである。

当然ながらそのことは、今日の日韓関係の悪化が、韓国人の「民族性」や「反日教育」といった要素によって説明できないことをも意味している。仮に韓国人の「民族性」が、伝統や時に比喩的に用いられる「ＤＮＡ」などに由来するとするならば、それが短期間に変化する理由は何もないからだ。また既に述べたように、韓国においては植民地支配に対して、独立後一貫して極めて否定的な認識の下で歴史教育が行われており、近年になってそのトーンが大きく変わった訳ではない。

なぜ１９９２年までの韓国は、請求権協定の枠組みを守ってきたのか

だとすると、変わったのは何か。その手掛かりになるのは、そもそも１９９２年までの韓国の歴代の政権が、何故に国民の反発にも拘わらず、１９６５年に締結された請求権協定の

枠組みを守ってきたか、である。

例えばそれは、当時の韓国の政権が今の政権よりも強い遵法意識、つまり国際法を守る強い意志を持っていたからだろうか。その答えはもちろん「NO」である。1965年から1992年までの時期の大半の間、韓国の政治は軍事クーデターにより成立した権威主義政権の下にあった。この時期の韓国の政権、つまり、朴正熙政権や全斗煥政権を生み出した軍事クーデターは、言うまでもなく違法行為であり、そこに強い遵法意識を見出せる筈がない。政権獲得後も、朴正熙政権は1972年、「十月維新」と呼ばれる、政権自らによるクーデターで憲法秩序を再び覆しており、全斗煥政権が血なまぐさい光州事件の当事者であることも今更指摘するまでもないだろう。

対外関係においても同様であり、朴正熙政権は「コリアゲート」と呼ばれた大規模買収事件をアメリカ議会で起こしており、これにより当時の米韓関係を大きく揺るがすことになった。韓国の情報機関による、東京都心で白昼堂々行われた、日本亡命中の政治家、金大中の拉致事件に対して、日本政府は重大な主権侵害だとして抗議した。

それでは、当時の政権が「親日的」であったからだろうか。確かに日韓基本条約締結時の大統領であった朴正熙は、植民地期に満州国軍の軍官学校を経て、日本陸軍士官学校を卒業した筋金入りの「親日派」――韓国では日本による植民地支配への協力者を意味するものとしてこの語が使われている――として韓国では知られている。しかし、大統領就任後の朴正熙は金大中拉致事件を引き起こすなど、度々、日本政府と衝突した。「十月維新」直後の朴正熙の状況を、ある大統領特別補佐官は次のように述懐している。

しばらくして、李厚洛部長が入ってきて、米国大使館側からクレームがついたと言いました。

維新宣布の背景説明には「米国と中国の接近」「ベトナム和平協商」の例をあげながら、急変する周辺情勢に対応するための措置だという内容が謳われていました。米国側はその項目をはずしてほしいと言ったそうです。朴大統領は「私が嘘を言ったか、アメリカの奴らがそんなことしなければ、私が何もこんな思いで……」と不満気におっしゃっていました。金正濂《キムジョンリヨム》秘書室長が横で「それは重要なことではありませんか」と説得すると、「そうだな、はずしてやれ」とおっしゃいました。

しばらく後、また、金室長が入ってきました。今度は日本大使館が背景説明の「日本も中国と国交を正常化させ……」という項目を削除してほしいと言うのです。大統領はすぐさま日本語で「骨抜きのコンニャクだ」と吐き捨てるように言いました。結局日本側の要求通りにしてやりました。その時の朴大統領の悲愴な決然とした姿が忘れられません。

（趙甲済『韓国を震撼させた十一日間』黄珉基訳、ＪＩＣＣ出版局、１９８７年、28ページ、傍点は原文のまま）

植民地期からの日本との関係が指摘される朴正熙ですら、大きな影響力をちらつかせて圧力をかける日本やアメリカの姿勢には、常に大きな不満を抱えていた。１９７０年代初頭、アメリカではニクソン大統領が北京を訪問して中国との関係を改善し、日本もまた中国との

朴正熙（大統領在任期間1963～1979年）

国交を正常化する時代である。台湾が国連から追放され、ベトナム戦争に敗れた南ベトナムが崩壊に向かう状況は、同じく冷戦下において西側陣営に所属した分断国家であった韓国の指導者である、朴正熙に強い焦燥感をもたらしていた。

日本やアメリカに対する強いいら立ちは、

朴正熙暗殺後の混乱状況の中、やはり軍事クーデターにより権力を掌握した全斗煥も同じだった。だとすれば問題は、にも拘わらず、何故にこの時点の韓国政府が１９６５年に締結された日韓基本条約とその付属協定を尊重し、その結果、これらの国際条約により結ばれた関係が安定的に維持されていたかである。原因は何だったのだろうか。

冷戦下の日韓関係

「考えてみれば、政治指導者の好き嫌いで国際関係が動いてもおかしいですもんね」

その通り。社長の好き嫌いで取引相手を変える、どこかのダメな会社のように、大統領や首相の個人的な好き嫌いで他国との関わり方を変える国が、安定した外交などできる筈がない。況《ま》してや当時の韓国は冷戦下の最前線に置かれた貧しい分断国家である。一度外交を誤れば、やはり同じ時期に冷戦下の最前線に置かれた南ベトナムのように、地図上から消えても不思議ではない存在だった。外交は国益のために行うものであり、各々の国とどのように付き合うかは好き嫌いではなく、合理的な計算の上で決められなければならない。だからこそ、この時期の韓国の政治指導者は、時に屈辱的な妥協をも余儀なくされた。

外交は国益のためのものであり、各国がそこにおいて取ることのできる手段は、時々の国際社会の状況によっても大きく制約されている。だから、政治的指導者や国民の好みによってその方向性が自由に変えられる訳ではない。我々は自国の動きを考える上では当たり前に理解できるこのことを、他国の動きを考える時には見落としがちだ。

例えば、それは韓国と対比して、「台湾は親日的な国だから、友好関係が築ける」などとする言説が典型的だろう。とはいえ実際には、「親日国」と言われる台湾やインド、或いは、トルコの指導者だって、漠たる日本に対する好悪の感情だけに基づいて外交を行っている訳ではない。彼らには彼らなりの冷徹な外交上の計算があり、その計算に基づいて我々との関係を決めているのである。

そして当然ながらそれは、「反日国」の代表とされる中国や韓国においても同様だ。そもそも植民地支配や戦争に基づく否定的な感情が、これら諸国の日本に対する外交を規定しているなら、彼らの外交は、日本との友好関係を破壊する方向に一貫して固定されていなければおかしい。にも拘わらず、実際には例えば日中両国の間には、１９７０年代から80年代にかけて、大きな「日中友好ブーム」の時代があり、中国政府は日本に対して友好的な姿勢を取り続けた。同じようにかつては韓国との間にも、安定的な関係を構築できた時期が存在した。そして言うまでもなく、それは自らの歴史認識に関わる感情を曲げてでも、彼らには日本と協力する理由と、具体的な利益があったからに他ならない。

問題はそれでは彼らが欲した利益とは何か、ということである。重要なのは、戦後の日本が所謂《いわゆる》「平和憲法」により、武力を用いての国際紛争の解決を禁じられており、それ故その軍事力を利用して、韓国をはじめとする他国に影響力を及ぼすことができない状況に置かれてきたことである。

そしてその制約は、冷戦下においてはとりわけ大きかった。何故なら、当時の日本はこの「平和憲法」の規定を現在よりも厳格に解釈し、国際連合の平和維持活動（ＰＫＯ）を含む、全ての海外における軍事活動を自制していたからである。因みに日本が初めてＰＫＯに参加したのは、１９９１年。当時の韓国の新聞はこれを神経質に報じている。

もちろん、日本には日米安全保障条約に基づいて米軍基地が置かれており、その使用には日本政府により一定の制限がかかるから、韓国の安全保障において日本との関係が全く重要ではない訳ではない。しかし安全保障に関わる問題においては、韓国は必要なら、日韓両国共通の同盟国であるアメリカに働きかけ、日本への圧力を依頼することもできるだろう。冷

グラフ16　韓国の貿易における主要国シェア

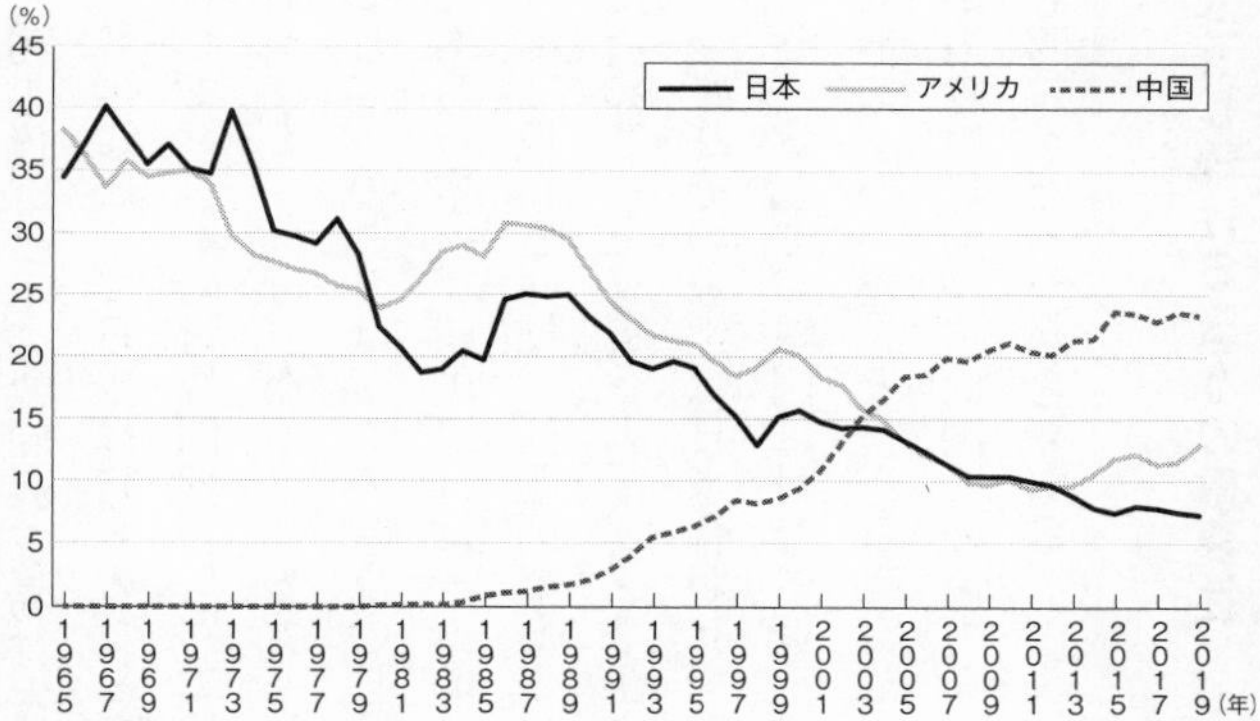

出典：韓国統計庁「国家統計ポータル」、https://kosis.kr/index/index.do（最終確認2021年10月25日）より筆者作成

戦下の状況において、日本がアメリカの意に反して安全保障上の問題で独自行動を取る余地は限られており、同じくアメリカの同盟国である韓国に安全保障上の危機が生じた場合、日韓関係を理由に、日本がアメリカの作戦を殊更に妨げることは、考えにくい事態だったというべきである。

だからこそ、かつての日本にとって、国際社会における自らの影響力を確保するためには、経済力の大きさが今日以上に重要だった。そしてその日本の韓国における経済的影響力がどれほど大きかったかは、上のグラフ16を見ればわかる。

ここからわかることは明らかである。例えば、朴正熙が大統領の座にあった1960年代から70年代、日本の韓国の貿易に占めるシェアは年によっては40％にも達している。つまり、韓国にとって日本は自らの貿易の半分に迫るシェアを有する相手だったのである。これに対して、日本の対韓国貿易シェアは5％以下。それは双方を行き来する輸出入の額が同じであっても、分母になる全体の貿易規模が、日韓両国では全く違ったからである。

そしてこのことは、この時点の日韓関係が、少なくとも経済的には、アジア唯一の経済大国である日本に、韓国がほぼ一方的に依存する状態であったことを示している。加えて当時の日本は現在と同様、同盟国であるアメリカとも密接な関係にあった。アメリカが韓国の貿易に占めるシェアもまた大きく、その規模は70年代前半のある段階までは30％を超えている。つまりその数字は日米合わせて70％を超えており、仮に日本とアメリカが何らかの利害により一致して、韓国に対して経済的圧力をちらつかせれば、当時の韓国政府がこれに抗する余地はなかった、と言える。何故なら、東西対立の最前線に位置する貧しい分断国家であった当時の韓国が、両国との協力なしに立ち行かないことは、軍事的にのみならず、経済的にも明らかだったからである。

低下し続ける日本の重要性

「とはいえ、それは飽くまでも冷戦下の話ですよね。日本やアメリカのシェアは、その後急速に下がっているじゃないですか」

朴正熙が大統領であった時代、韓国にとって日本の影響力は極めて大きく、だからこそ彼もまた大きな不満を持ちながらも、日本への譲歩を余儀なくされた。だからこそ仮に、このような大きな日本の影響力がなければ、この政権下での日韓関係がどうなったかを考えてみるのも興味深い。

例えば既に述べたように、この時期には、東京都内から白昼堂々、事実上の亡命状態にあった金大中が韓国の情報機関によって拉致される、という「金大中拉致事件」が起こっている。この事件は、韓国政府が日本の主権を明確に犯した事件であり、日本政府がこれに強く抗議したこともあり、日本海上で暗殺される寸前であった金大中が一命を取り留めたことはよく知られている。直後には、大阪市内の派出所にて盗まれた拳銃を持った在日コリアンの青年が韓国に入国し、朴正熙大統領の暗殺を試み、流れ弾を受けた大統領夫人が死亡する事件も起こっており、これに対しては逆に韓国政府が日本に対して強硬に抗議するに至っている。これらの事件が頻発する状況下、仮に上記のような日本の大きな経済的影響力が存在しなければ、朴正煕政権は日本に対して、より鮮明な対決姿勢を取っていた可能性が強い。

わかりやすく言えば、歴史認識問題や領土問題、さらには様々な政治的問題を抱えつつも、この時期の日韓関係がそれなりに安定的に推移したのは、日本、そしてその背後にあるアメリカの影響力を考慮せざるを得なかった韓国が、最終的には両国への妥協を余儀なくされていたからである。

しかし、それは今から遡《さかのぼ》ること半世紀、つまり50年近くも前の話である。グラフにも表れているように、1980年代以降、韓国経済における日本の重要性は急速に低下することとなった。かつては40％をも超えた貿易上のシェアは現在では7％台に過ぎないから、その数字だけから言えば、韓国における経済的な日本の重要性は5分の1以下にまで低下したことになる。つまり、韓国においては、この40年間、日本の重要性は継続的かつ着実に低下しているのである。

同様のことは、投資など他の経済的分野においても言うことができる。例えばグラフ17に示した韓国に対する直接投資に占めるシェアを見ても、日本の数字はやはり大きく減少することになっている。

グラフ17　韓国に対する直接投資における各国シェア

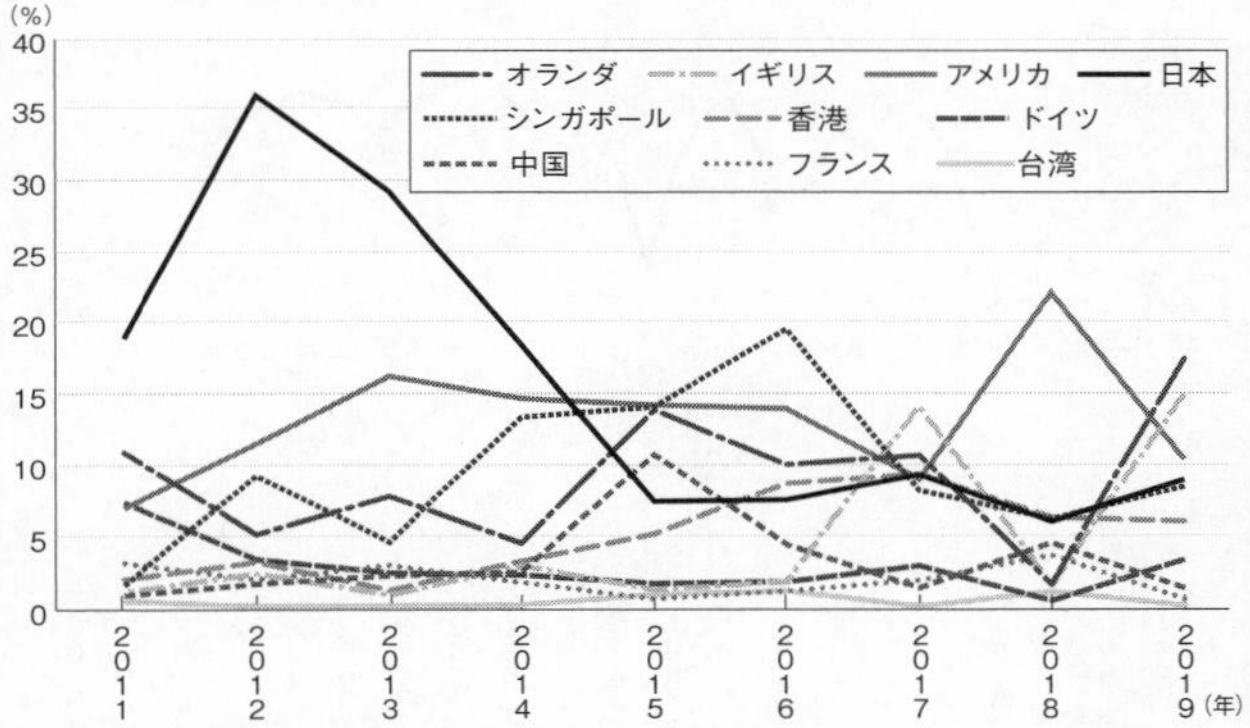

出典：韓国産業通商資源部「外国人直接投資統計」、http://www.motie.go.kr/motie/py/sa/investstatse/investstats.jsp（最終確認2021年10月25日）

このような経済的な重要性の低下は、当然ながら、韓国における日本のプレゼンスに大きな影響を与えることになる。再び軍事力を自らの国力を示すものとして使うことが困難な日本にとって、その経済的な影響力は、自らの影響力を確保するための最重要な資源だからである。

とはいえ、そのことは日本の側からは実感しにくい。何故なら少なくとも経済的な関係においては、日韓関係の重要性は日本にとってはほとんど変わっていないからだ。次ページのグラフ18はそれを見事に示している。

前述したように、貿易は日韓両国の間で行われるものだから、韓国にとっての輸入は日本にとっての輸出、日本にとっての輸入は韓国にとっての輸出になる。だから、統計処理上の問題

グラフ18　日本の貿易における韓国のシェア

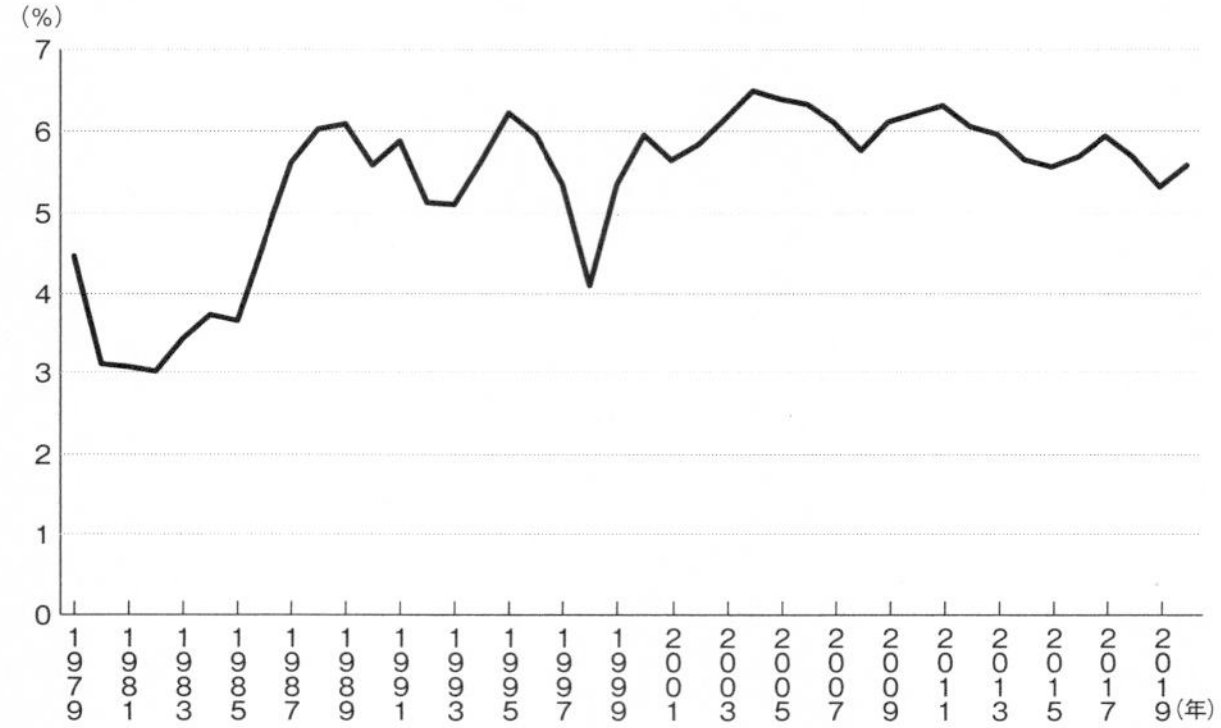

出典：財務省貿易統計、https://www.customs.go.jp/toukei/info/（最終確認2021年10月25日）より筆者作成

を別にすれば、両国にとっての互いの間の貿易額は同じになる筈だ。にも拘わらず、その数字が韓国では大きく減少して見え、逆に日本では大きく変化していないように見えるのは、これまた再び分母、つまり両国各々の世界全体との貿易の伸びが違うからである。

つまり、１９６０年代以降、急速な経済発展を遂げてきた韓国では、貿易はその発展を支える最大の原動力であり、その金額は急速に増加した。しかし、１９８０年代以降安定成長に入り、さらにバブル経済崩壊後は30年を超える長期の経済的低迷の中にある日本（２００２年から08年まで、所謂「いざなみ景気」といわれる景気拡大期があったが、その成長率は本格的な復調とは言えないものだった）では、貿易額の伸びも相対的に小さなものとなっている。だからこそ、分母となる全体の貿易額が増えている韓国では日本との貿易のシェアが低下するのに対し、経済的低迷を続けている日本では韓国のシェアは低下しない、という現象が起こることになる。

日本に関する書籍や報道の頻度の変遷

加えて言えば、韓国そのものが経済成長し、さらには国際的プレゼンスを増すことで、我が国における韓国の存在感が、異なる形で増す状況も存在する。次ページのグラフ19は日本での韓国に関わる出版状況を示したものである。表題に「韓国」という文字が入る書籍数を、同じく「アメリカ」という語が入る書籍の数と比べたものである。インターネットが広く普及し、出版業界が不況へと突入する中、韓国に関わる書籍の出版数が相対的に伸びていることがわかる。つまり、日本国内における書籍の出版数全体が大きく減少する中、韓国に関わる書籍の数は、むしろその数を増加もしくは維持する傾向を見せているのである。ひょっとすると本書もその一つかもしれない。

「ヨン様ブーム」があった2003年以降に急速に出版数が伸びていること、そして李明博

グラフ19　日本における「韓国」に関わる出版事情（2000年以降）

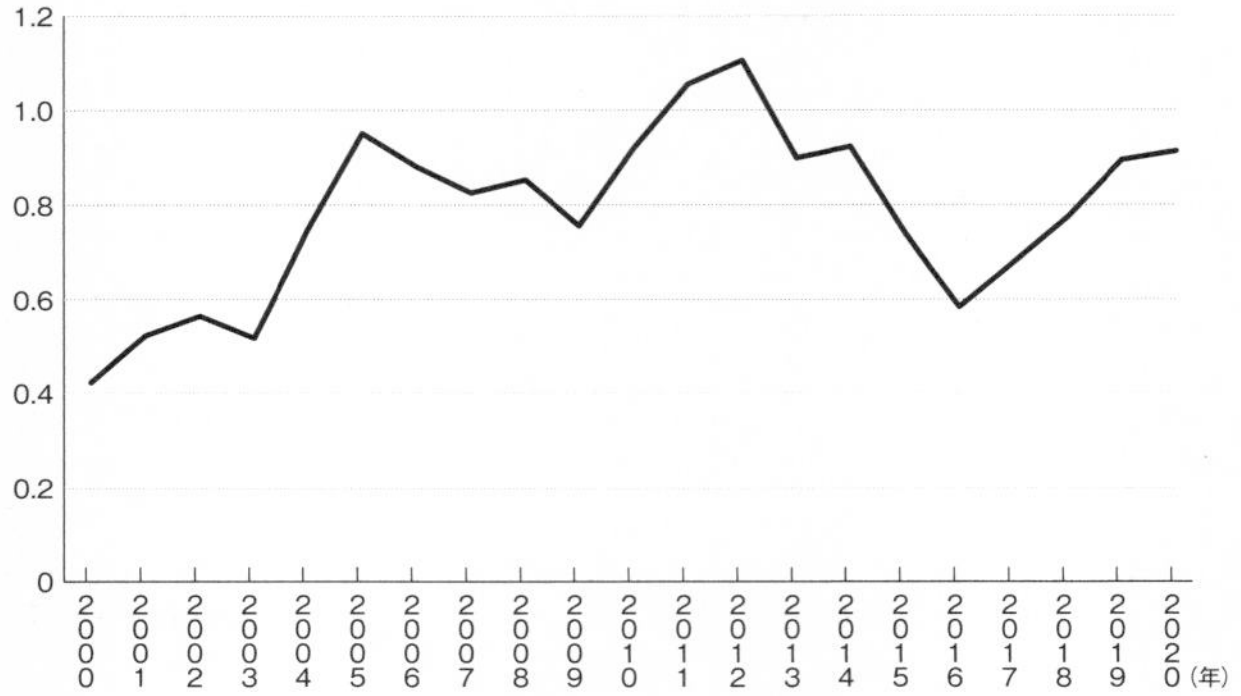

出典：国会図書館蔵書データベース、NDL ONLINE, https://ndlonline.ndl.go.jp/（最終確認2021年10月25日）より筆者作成。国会図書館に所蔵されている図書の内、各々の年に出版された「韓国」という語を表題に含む書籍の数を、同じく「アメリカ」という語を含む書籍の数で割ったものである

による竹島上陸と天皇謝罪発言があった２０１２年以降からは、増加から一旦、大きく減少に転じていることからもわかるように、背景にあるのは、日本における韓流ブームの存在である。

　しかし、韓国ではこれとは全く逆の現象が起こっている。それをより長期的に見てみたのがグラフ20になる。こちらは日本に関する書籍の割合が徐々に低下している状況がわかる。

　同様のことは、新聞などにおける日本に関する記事についても言うことができる。データが手元にあるのでこちらも示しておけば１２８ページのグラフ21のようになる。こちらでは長期的

グラフ20　韓国における「日本」に関わる出版事情

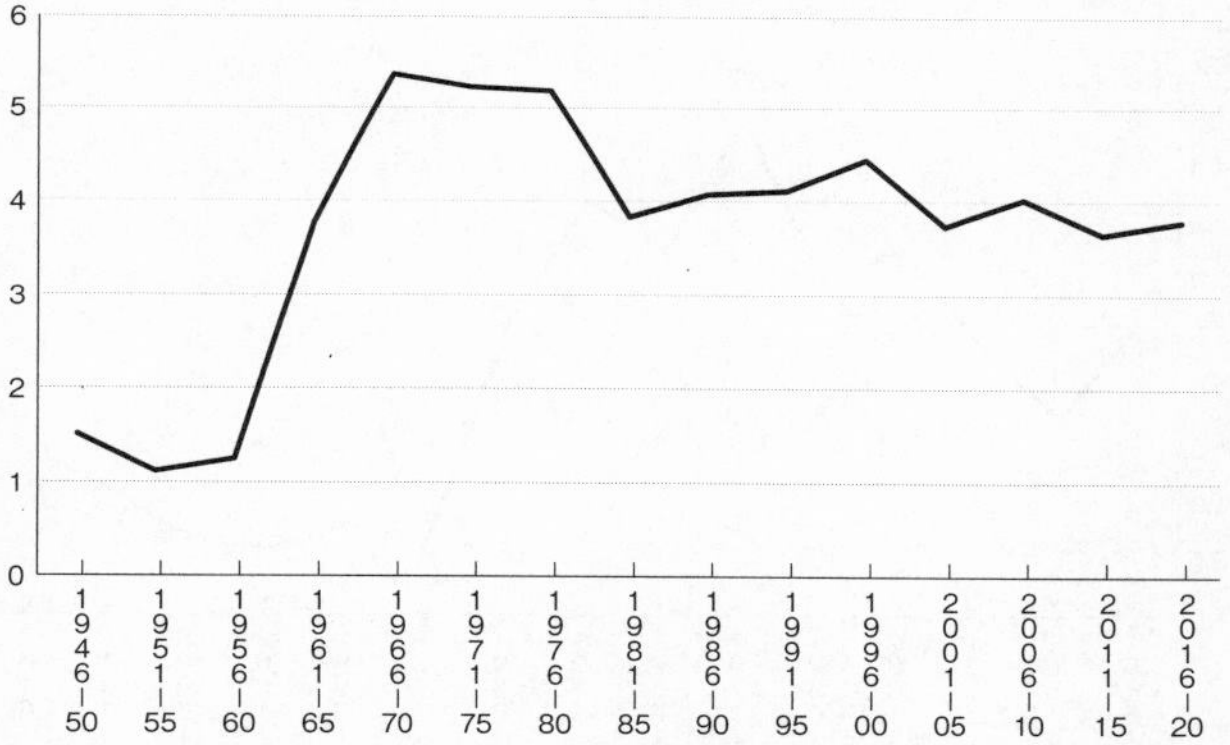

出典：KOLIS-NET, https://www.nl.go.kr/kolisnet/index.do（最終確認2021年10月25日）より筆者作成。韓国全国の国立図書館に所蔵されている図書のうち、「日本」という語を表題に含む書籍の数を、同じく「美国（アメリカに対する韓国語の表記）」という語を含む書籍の数で割った数値を示している。日本語における「アメリカ」がアメリカ合衆国のみならず、「ラテンアメリカ」など、アメリカ大陸全体を指す語としても用いられるのに対し、「美国」がアメリカ合衆国のみを指す語であることに注意。そのために割合そのものは韓国の方が大きくなっている

に割合が大きく減少する一方で、2010年以降は歴史認識問題の激化もあり、報道数が若干上向きになっていることも知ることができる。

もちろんこのことは、韓国の人々の間に日本に対する関心が全く存在しないことを意味しない。新聞記事のトレンドに見られるように、両国の間で歴史認識問題や領土問題、そして貿易管理や安全保障に関わる問題が増えれば、新たなる一定の関心も生まれることになるからだ。

だが、そのことは韓国における日本の関心が、1960年代や70年代と同じ水準に戻りつつあることは意味しな

グラフ21 『朝鮮日報』における日本関係記事の推移

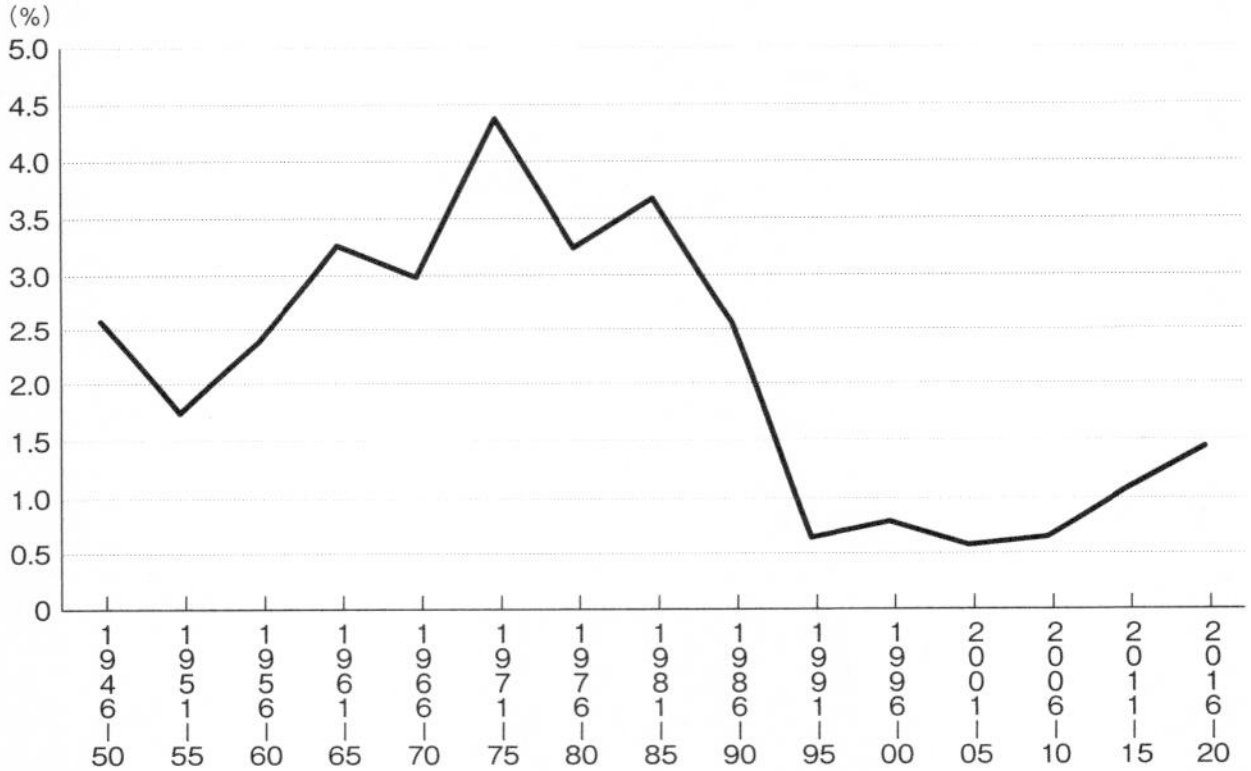

出典：朝鮮日報記事データベースhttps://www.chosun.com/（最終確認2021年10月25日）より筆者作成。データベースに収められている記事全体の数における、表題に「日本」という語が入る記事の割合を示している

い。かつては当然のように韓国の書店に並んでいた、日本のファッションやインテリア関係の雑誌は既に姿を消し、日本語学習熱も下火になっている。韓国の大学生たちが目指す留学先は、何よりも第一にアメリカであり、次いで経済成長を進める中国になっている。かつて多くの人が日本留学を目指した韓国社会は既に存在しない。

なぜ日本への不満が顕在化しているのか

「でも、そういった日本の存在感の低下と、歴史認識問題などでの対立の激化は矛盾していませんか？　重要じゃないんだったら無視すれば良さそうなものですけど」

韓国では日本の重要性が低下しており、関心も長期的には低下している。にも拘わらず、日本から見れば、韓国の政府や人々は歴史認識問題や領土問題で、時に日本に対してむしろ活発に挑発的な行動を取っているように見える。そしてその両者は確かに矛盾しているように思えなくもない。むしろ、韓国の人たちは依然として、強い反日意識とその結果としての日本への強い関心を持っており、だからこそ意図的に問題を蒸し返している、と説明した方が、一見、理解は簡単そうだ。

ただ、現地に行けばすぐわかるように、実際の韓国の状況はそのようなものではない。例えば、2019年7月、日本政府が韓国に対する輸出管理措置を発動した直後、韓国では大規模な日本製品の購入や日本への旅行に対するボイコットが発生した。しかし、そこにおいて何かしらの大きな興奮に満ちた状況があったか、といえばそうではなかった。日本メディアが報道したような、当時の安倍政権を殊更に批判するようなポスターをソウル市内で見つけることは極めて難しく、書店に――例えば我が国の書店において「嫌韓本」がずらりと並んでいるように――日本を批判する書籍が並ぶ事態も存在しなかった。その姿はその3年前、朴槿恵弾劾デモで見られた熱狂と興奮に満ちたものとは大きく性格を異にしていた。現地には大きな興奮は存在せず、にも拘わらず大規模な運動が展開された。実際、ボイコットの影響も大きかった。それでは、我々はこの状態をどう理解すればいいのだろうか。このような時、分析の基礎となるのは、こうした事態を同じ状況が生じる以前の状態と比べてみることである。既に述べたように、韓国の人々は以前から、日本に対して歴史認識問題や領土問題で大きな不満を抱えてきた。彼らは同時に日本への強い関心を持ち、出版される書籍やメディアには、日本に関する情報が溢れていた。にも拘わらず、この時点では日韓の間で歴史認識や領土を巡る対立は、今日ほど深刻なものではなかった。

それでは、かつての韓国ではどうして日本に対する大きな不満が顕在化することはなかったのだろうか。そしてそれは、当時の日本の大きなプレゼンスとどのような関係にあったのだろうか。

この点を理解するために、最も簡単な方法は、具体的な事例を確認することである。例えば、ここでは1980年代の状況を取り上げてみることにしよう。韓国においては軍事クーデターにより全斗煥が政権を獲得した時期であり、また日本においては、まもなくバブル景気が絶頂へと向かう時期である。

この時期における、日韓両国間の歴史認識問題における最大の出来事は、1982年に起こった「第一次歴史教科書紛争」である。この事件は両国にとって最初の歴史教科書の記述を巡る初の本格的な対立であり、今日まで続く同じ問題の原型となっている。

限られた紙幅しか持たない本書において、この問題の詳細を述べることは不可能であり、また必要でもないだろう。ここで注目したいのは、こうして勃発した第一次歴史教科書紛争に、当時の全斗煥政権がどう対処したか、である。

全斗煥（大統領在任期間1980〜1988年）

第一次歴史教科書紛争の特徴は、それが最初の歴史教科書を巡る両国の対立であり、当時の韓国の人々がこれにより初めて日本の教科書内容を詳しく知るようになったことだった。

当然ながら、日本の教科書の内容は韓国のそれとは異なり、当時の韓国の人々はそのことを、日本が植民地支配を十分反省せず、その責任を曖昧にしようとしていることの証左だと見做して、激しく批判した。

このような韓国世論の状況は、成立してから2年あまりしか経たない全斗煥政権に大きな負担をもたらした。1979年10月の朴正熙暗殺後、幾度かのクーデターと血なまぐさい光州における民主化運動弾圧を経て成立したこの政権に対する国際社会の批判は大きく、そのことは同政権に対する日米両国の曖昧な姿勢にも繋がっていた。依然として続く冷戦状況の下、全斗煥政権はその体制維持のために、是が非でも両大国の支援が必要だった。

このような状態において発生した第一次歴史教科書紛争は、全斗煥政権をして深刻なディレンマへと直面させた。政権を安定させるためには国民の支持が必要であり、そのためには世論が求めるままに、日本への抗議を行う方が望ましい。とはいえ、その結果として日本との関係が悪化すれば、全斗煥政権の国際的孤立は深まり、経済にも大きな影響が出かねない。既に前年の1981年、IOC（国際オリンピック委員会）総会で88年のソウル五輪開催が決定しており、ここで再び光州事件のような事態が勃発すれば、五輪が水の泡と消えることにもなるだろう。

だとすれば、解答はただ一つ。力による以外の方法で、世論の日本への反発を抑え込むことだった。こうして、当時の全斗煥政権が打ち出したのが、「日本に克つためには、日本を知らねばならない」というキャッチフレーズの下に行われた「克日運動」であった。運動の前面に立ったのは、政権とも関係の深かった韓国最大の発行部数を誇る保守紙『朝鮮日報』

であり、当時の韓国財界もこれを積極的に支援した。理由はもちろん、日韓関係がこれ以上傷つけば、彼らの企業としての活動に大きな影響が出かねないからである。

こうして、日本の歴史教科書の記述内容に対する反発は、いつしか日本に「克つ」ためから、日本を「知る」ための運動へとすり替えられ、『朝鮮日報』をはじめとする韓国のメディアには、如何に日本が発展し、「強い」国であるかを強調する記事がずらりと並ぶことになった。つまり、そこに示されたのは、「強い」日本に「克つ」ためには、そして、それにより日本の歴史認識などを変えさせるためには、まずは韓国自身が力をつけなければならない、という主張であり、また、そのためには日本の強さの秘訣を学ばなければならない、ということだった。

こうして全斗煥政権は、韓国世論の反日的な感情をいつの間にか「日本に学ぶ」運動に繋げることに成功した。そこには政治家のみならず、メディア、そして財界にとっての、日本の重要性があり、彼らはだからこそ、その日本との関係を壊さないように、巧みに「仕組み」を作り上げ、協力することになったのである。

もはや鎮火活動は行われなくなった

「何だか手品みたいな話ですが……じゃあ、今の状況はどうなんでしょう」

先の例を前提にして次のように考えればわかりやすい。

韓国の人々の間には、歴史認識問題や領土問題に関して日本への不満がある。それは植民地支配の終焉直後から一貫しており、基本的には何も変わらない。本来ならこの不満を解決する場だった、日韓基本条約に至る過程での交渉についても、韓国の人々は、日本が相対的に大きな国力を利用して、不当な条約を押し付けたと考えている。だからこそ、この条約の内容は韓国の人々が、日本への反発を強める原因にすらなっている。

日韓両国の間には、このような韓国の人々の不満が表面化し、紛争が発生する可能性がいつの時代も存在してきた。そしてそれは実際、1980年代以前にも何度も表面化する危険性があった。先に挙げた第一次歴史教科書紛争はその典型であり、靖国神社への日本政治家の参拝や、韓国人戦没者の合祀《ごうし》問題も存在した。

しかし、それらが両国間の大きな外交問題へと発展しなかったのは、両国、とりわけ日本との関係に大きく依存する韓国側エリートが問題の激化を望まず、その鎮静化のために努力してきたからである。「克日運動」に典型的に表れたように、彼らは時に世論そのものの方向性を変えるキャンペーンにすら積極的に従事し、日韓関係の安定化のために努力した。

それは例えて言えばこういうことだ。日韓両国の間、とりわけ韓国側には常に紛争の「火種」があり、この「火種」は実際、一定の頻度で発火を続けている。しかしかつての韓国の人々は両国関係に火が付く度に、これを懸命に消し止めた。それは、この火が、当時の彼らにとって重要であった、日韓の政治的或いは経済的関係を巡る問題へと延焼し、大きな被害をもたらすことを防ぐためだった。

しかし、90年代以降、日本の重要性は急速に失われ、人々は日韓関係の維持に大きな努力を払わなくなった。他方で、歴史認識問題や領土問題に関わる不満は残っているから、「火種」はその後も一定の頻度で発火を続けている。発火が続く一方で、消火活動が行われなければ、当然、火は大きく燃え広がり、やがて大きな火事へと発展する。そうやって火事が大きくなれば、火中へと飛びこみ、消火をする人々のインセンティブはさらに失われることになる。さほど大きな利益がないにも拘わらず、火中に飛びこんでも、誰にも助けられないまま、焼け死んでしまうだけだからである。

こうして火事が拡大すれば、当然ながら、日韓両国の経済や社会などにおける様々なレベルの交流は阻害され、結果として、両国関係に由来する利益はさらに小さくなる。2018年10月の徴用工問題を巡る韓国大法院の判決が日本政府・世論の強い反発を生み、その結果として「信頼関係が著しく損なわれた」ことを背景として、日本政府は輸出管理措置を発動した。これを受けて今度は、韓国政府が安全保障に関わる「日韓秘密軍事情報保護協定」(GSOMIA)の事実上の破棄を宣言し、さらには、韓国世論が主導する形で、日本製品の購入や日本への旅行の大規模なボイコットが行われた。この一連の状況は、「火事」が如何にして広がっていくかを如実《にょじつ》に示している。

だからこそ、現在の日韓関係を巡る状況を過去と分かつのは、「火種」があることではなく、消火活動とそのインセンティブが失われていることの方である。そしてそれは、実は現在の状況が極めて深刻であることを意味している。本来なら過去の時点で解決されているべき問題が、様々な歴史的経緯やボタンの掛け違えから現在まで続いている。ある時期までは、この問題について人々は「臭い物に蓋」式に何とか統制してきたが、今やその努力をする人々はいなくなっている。背景にはこの厄介な問題に関わるインセンティブがなくなっていることがある。

日本のアジアにおける状況の縮図になっている

だとすれば、大きなインセンティブがない状況で、どうやって人々を問題解決へと導けばいいのだろうか。

「うーん、誰だって厄介な問題には巻き込まれたくないいんですからね……僕だって、日韓関係のトラブルに首を突っ込むために、韓国について関心を持っている訳じゃないですから」

実際巷《ちまた》にはこんな声が流れている。韓国との関係なんて、何をやっても改善する訳がないんですから、放っておけばいいんですよ。確かにその気持ちはよくわかる。1990年代に慰安婦問題が本格化した時点から数えても既に30年以上。歴史認識問題や領土問題を巡る状況は解決に向かうどころか、悪化する一方だ。

そしてさらに重要なのは、その結果としての、日韓関係の悪化が——例えば観光業など、直接そこから影響を受ける職業にでも従事していなければ——我々の生活に直接的な影響を与えているようには必ずしも見えないことだ。だからこそ、人々は度重なる韓国との関係悪化にうんざりし、これに携わることを面倒だと考える。そう、燃え広がる火を前にして、誰も消火へと動き出さない状況は、日本側にもあるのである。

とはいえ、少し視野を広げて考えてみよう。韓国の人が日韓関係の悪化に大きな懸念を示さず、状況を放置しているのは、彼らが我々との関係の維持に大きな利益を見出していないからである。しかし、実際の日本はかつてほどの力を持たなくなったとはいえ、依然として世界第3位の経済規模を誇る国である。先に紹介した韓国における貿易のシェアでも、あれほど大きな減少を経た現在でも、そのシェアは中国、アメリカについでの第3位である。つまり、少なくとも経済的に日本は、韓国にとって、ドイツやロシア、オーストラリアよりも、遥かに大きな重要性を有している「筈」なのである。

問題は、にも拘わらず、韓国の人々がその重要性を認識していないことであり、また、我々日本人自身もまた、「何故韓国にとって日本が重要な国なのか」を彼らに説明するロジックを有していないことである。

そして実は、このような韓国における日本の状況は、ある意味では日本の世界、とりわけ

グラフ22　日本の貿易における中国のシェア

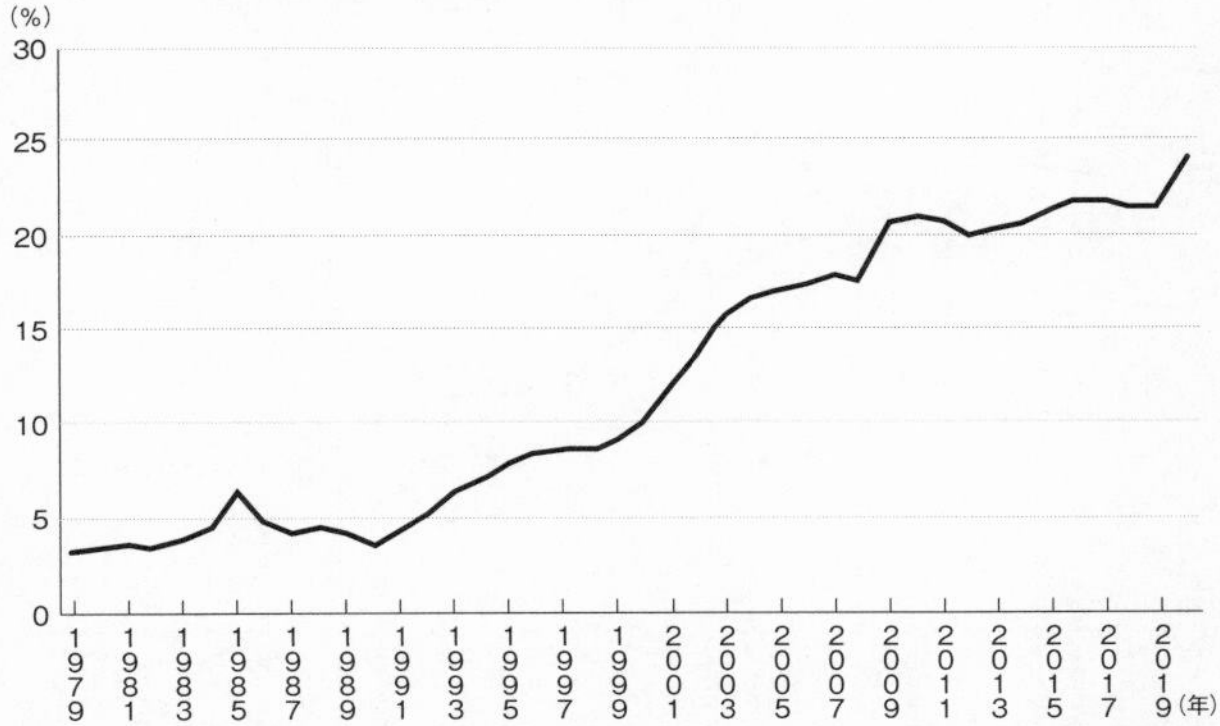

出典：財務省貿易統計、https://www.customs.go.jp/toukei/info/（最終確認2021年10月25日）

アジアにおける状況の縮図でもある。例えば、同じことを中国との間で見てみよう。グラフ22は、日本の貿易における中国のシェアを示したものである。我々が日々実感しているように、日本経済に対する中国の重要性が増していることがわかる。だから我々は時に、日中関係は政治的には様々な問題を抱えていても、経済的には密接になっているから大丈夫だ、と考えがちだ。

しかし、このような状況は中国から見ると、大きく違って見える。次ページのグラフ23は、中国の貿易における日本のシェアを示したものである。天安門事件後の１９９０年代前半に一時的に上昇した日本のシェアが、１９９７年のアジア通貨危機以降、大きく低下していることがわかる。そのシェアは僅か25年足らずの間に３分の１近く

グラフ23　中国の貿易における日本のシェア

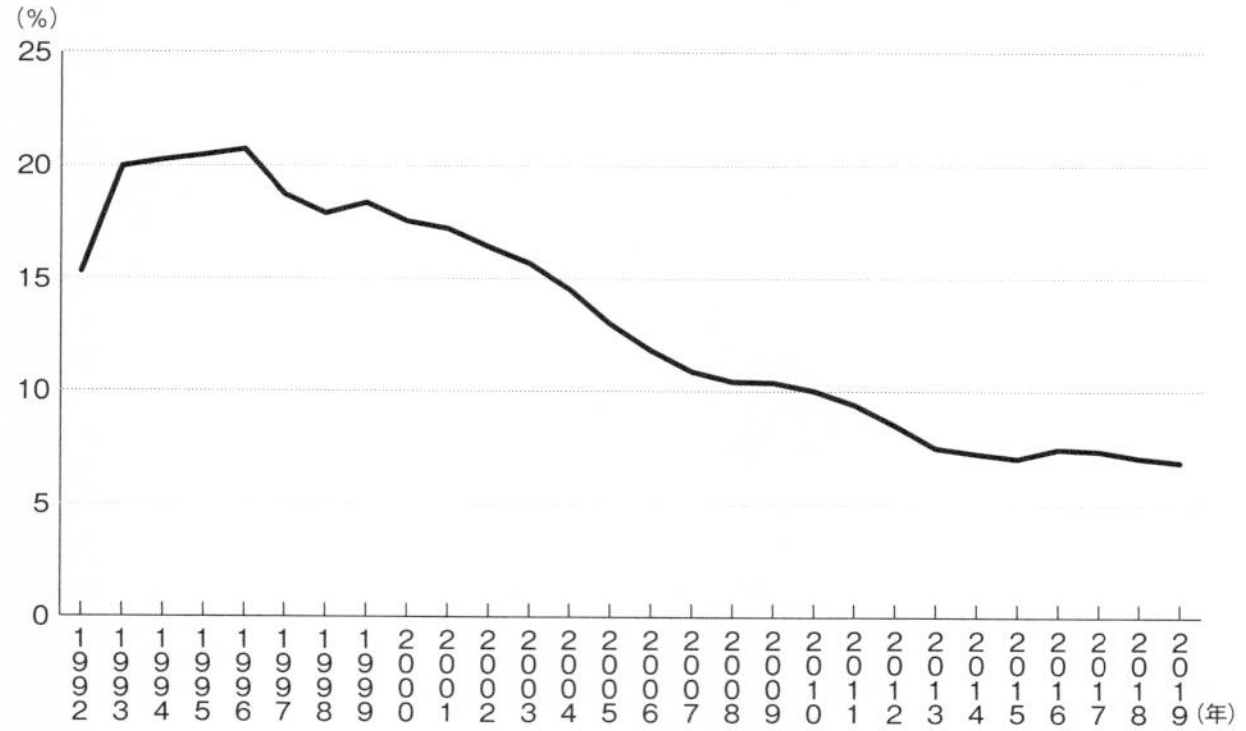

出典：World Integrated Trade Solution, https://wits.worldbank.org/（最終確認2021年12月11日）

にまでなっている。

この中国の例からもわかるように、日本の経済的重要性の大きな減少は、韓国においてのみならず、今日のアジア諸国・地域の多くで見ることができる。１９９０年代以降、日本と他のアジア諸国の経済成長率は大きく開き、結果として、この地域での日本の経済的重要性は低下した。韓国のみならず、中国や台湾、そして東南アジア、さらにはインドにおいても同様の状況を見ることができる。そしてそのことは、好むと好まざるに拘わらず、彼らが日本との関係を等閑視しやすい状況ができていることを意味している。

しかし、今もなお、多くの日本人はかつて日本がアジア唯一の経済大国であった時代の意識をどこかで引きずっており、日本はこの地域で当然、尊重されるべき存在だ、と漠然と考えている。だが現実には、軍事力の比較においても見たように、今の日本は既にアジアで突出した存在ではなくなっている。それでは日本はアジア、そして世界の人々にとってどのように重要で、我々との関係を維持することは、彼らにとってどういう意味を有するのだろうか。

このような時、アメリカ人なら自らが有してきた自由と民主主義の価値観について話すだろうし、中国人ならこれからの世界経済における自らの重要性について述べるだろう。しかし、我々は何を以て自らの重要性を説明できるのだろうか。

こうして考えれば、韓国との間に抱える状況は、我々が今日の国際社会において抱える問題の一部であることもわかる。長い経済的不況と少子高齢化による人口減少の結果として、国際社会における日本の存在感は次第に「小さく」なっている。日本は自らの存在意義をどのように説明していくのだろうか。そういう意味では、韓国との関わりや葛藤《かっとう》を考えることは、この国に住む我々が今の我々自身の国際社会における立ち位置を考える上でも、良い「練習問題」になるのかもしれない。

日本の凋落だけが原因ではない

「結局、先生が言いたいのは、日韓関係が悪化している理由の一つは、日本が韓国に対して昔のような大きな影響力を持たなくなったからだ、ということですよね。でも、だったら日本がもう一度力を取り戻せば、問題は解決するのでしょうか」

韓国のみならず、アジアの多くの国で、日本はかつてのような大きな影響力を喪失しつつある。そう説明すると多くの人が考えるのは次のことだ。結局、その原因は１９８０年代末の経済的バブル崩壊以降、日本が長い経済的低迷の下にあるからに違いない。だから、日本が再び経済成長へと回帰すれば、この状況は改善するのではないか、と。

もちろん、そう考えるのは理解できるし、既に30年を超える長期の経済的低迷が、我が国の影響力低下の要因の一つであることは間違いない。しかし厄介なのは、日本自身の経済的低迷以外の要素も、この周辺国における日本の影響力低下の一因になっているということだ。

例えば、もう一度119ページのグラフ16を見てみよう。明らかなのは、日本の韓国における貿易面でのシェアの低下が、日本の「失われた30年」が始まる遥か以前、つまり、1970年代に既に開始していることである。言うまでもなく、世界的には日本の経済的影響力が最も大きかったのは1980年代のいわゆる「バブル経済期」であるが、この時期においてすら日本の韓国におけるシェアは、1970年代前半を大きく下回ることになっている。

併せて注目すべきは、日本のシェアの低下が、少なくとも2000年代までは、ほぼアメリカと並行して起こっていることである。それは、このシェアの低下が、日本経済の低迷といった、日本のみに存在する要素によって引き起こされたものではないことを意味している。つまり、何かしらの日米両国共通の問題があるのである。

それではその原因とは一体何か。ここで多くの人が思いつく原因の一つが、「中国の台頭」だろう。確かに、韓国のみならず多くのアジア諸国において、中国の経済的影響力はかつてとは比べ物にならない規模になっている。現場では日本資本が豊富な資金力を持つ中国資本に押される状況も続いている。

それでは、この韓国における日米両国のシェア低下は、中国の台頭によってのみもたらされたものだろうか。グラフ16を見れば、その理解もまた単純に過ぎることがすぐわかる。確かに、韓国の貿易における中国のシェア増加は、極めて顕著であり、その数字は今日25％に近づいている。しかし、１９７０年代後半以降、日本が韓国において失ったシェアは実に30％以上にも及んでおり、アメリカも20％以上ものシェアを失っている。そして日米両国が失った50％を超えるシェアのうち、中国はその半分も獲得していない。そもそも中国のシェアが増加し始めるのは１９８０年代後半以降のことであり、１９７０年代に開始されている日米両国のシェアの低下の全ての原因が中国の台頭より説明される筈がない。つまり、中国の台頭は重要な要素の一つではあっても、その全てではないのである。

それでは、このような状況はそれ以外の何によって説明されるのだろうか。日本の影響力低下が、日本側の要因にのみ説明できないなら、その要因は日本の外に探すしかない。

その第一は、もちろん、韓国側の要因だ。日本が急速にシェアを低下させていった１９７０年代後半以降の時期は、韓国にとっては目覚ましい高度成長を遂げた時期に当たっている。そして、この時期においては、韓国の企業も大きく姿を変えた。即ち、かつての韓国企業はその操業において、日米両国の資本や技術に依存せざるを得なかった。例えば現代《ヒョンデ》の自動車に搭載されていたエンジンは提携関係にあった三菱自動車製であり、ボンネットを開ければそこに大きな「ＭＩＴＳＵＢＩＳＨＩ」のロゴを確認することができた。三星《サムスン》電子の前身は、現在はパナソニックの一部となっている、大阪は守口市に本社を置いていた三洋電機との合弁で作った三星三洋電機であり、当然、三洋電機から様々な支援を受けている。

当然ながら、このような時代においては、日本からの中間財の輸入は極めて大きな規模とならざるを得なかった。しかし、その後、韓国経済は順調に成長し、その成長を支えた韓国企業も世界的な規模へと成長した。当然ながら彼らはその中で技術力を増し、日本企業に対する依存を減らしていった。三星電子にせよ現代自動車にせよ、今では、かつては支援を受けていたパナソニックや三菱自動車より、遥かに大きな規模の世界的企業へと成長を遂げている。その彼らが今更、日本企業からの大きな支援を必要としている訳がない。

日韓間で逆転した、自動車部品の輸出入額

そしてこのような状況においては、韓国企業の日本への依存は当然大きく縮小することになる。少し古いデータだが、この状況を顕著に示しているのが、次ページのグラフ24である。韓国自動車産業の急速な成長にも拘わらず、日本からの部品輸出は余り伸びておらず、2011年の東日本大震災以降はむしろ、大きく減少していることがわかる。逆に韓国から

グラフ24　日韓両国間の自動車部品貿易

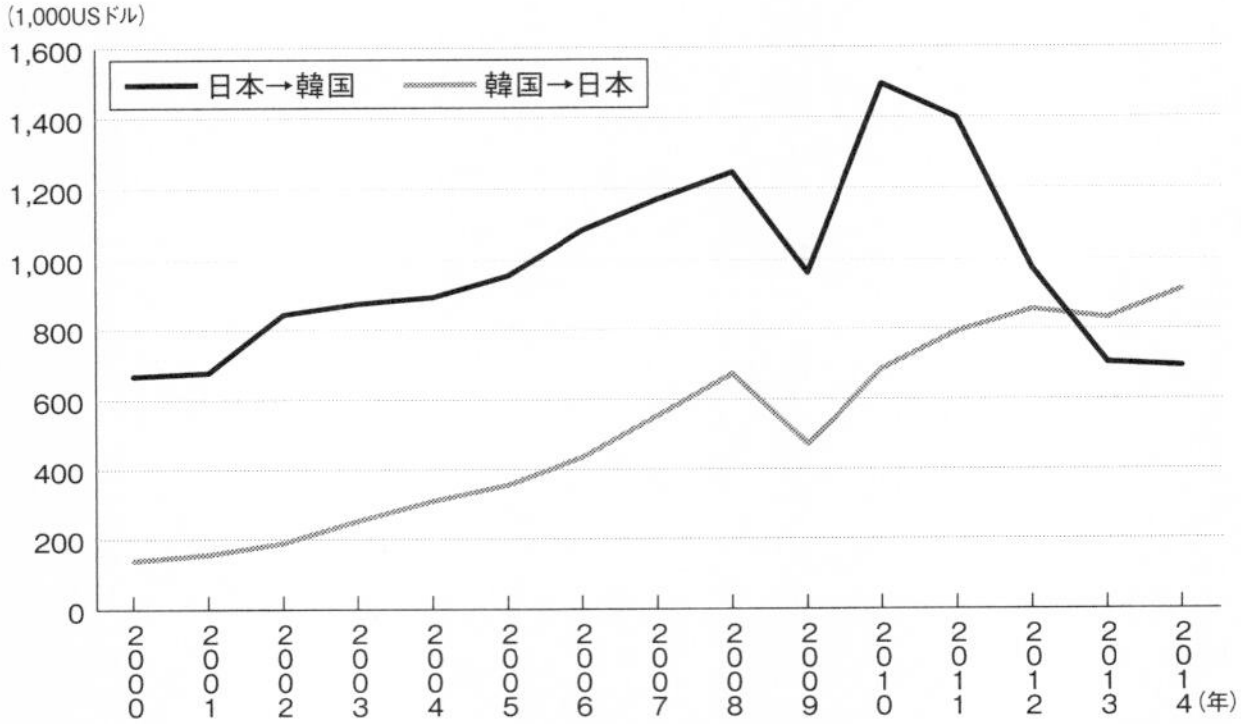

出典：アジア成長研究所「日韓自動車部品物流の動向変化に関する調査研究」、http://www.agi.or.jp/reports/report2014-07.pdf（最終確認2021年11月13日）より筆者作成

日本への部品輸出は着実な増加を見せており、２０１３年には遂に韓国からの日本への自動車部品の輸出が、日本から韓国への輸出を上回ったことがわかる。

しかもこのような状況は部品の性格にも及んでいる。自動車部品においては大きな技術的部分を占めるエンジン関係の部品においてすら、続く２０１４年には韓国から日本への輸出が、日本から韓国への輸出を上回る状況になっている。

一言で言えば、これらの現象は日韓関係が、日本が韓国に対して資本・技術の両面で圧倒的な優位を誇っていた時代から、両者の資本・技術力が接近した時代へと変化する過程で起こった出来事である。そして、そこにおいて重要なのは、日本の資本・技術力が衰退したことよりも、韓国の資本・技術力が向上し、その結果として日本への依存度が大きく低下したことの方なのである。かつては垂直的であった日韓関係が、水平的なものになりつつある。その結果としての出来事だと考えればわかりやすい。

もちろん、依然として、日本が韓国に対して技術的優位を有している分野もある。しかし、日韓両国の経済成長率に一定以上の格差が存在する限り、そのギャップは次第に小さなものになっていくことになるだろう。

冷戦の終結が分断国家にもたらした影響

「でも、それだけなら日本の影響力が、他のアジア諸国においても減少していることは、説明できないんじゃないですか。依然として貧しい国もたくさんありますし、全ての国にサムスンや現代みたいな世界的な競争力を持つ企業がある訳じゃないですし」

ある国と国との関係が変化している。当然ながら、その原因は一方の側にのみある訳ではなく、原因を探るためには他の国の側の状況をも見る必要がある。しかし、両者の状況を共に考慮に入れてもまだわからない時もある。であれば、その原因は「どこに」求めればいいのだろう。

その答えは、簡単だ。原因がお互いの関係の「内側」になければ、「外側」、つまりこの場合には日韓両国を取り巻く国際社会の状況にあるに決まっている。それでは、日韓関係の長期的な変化に影響を与えている国際社会の変化とは何だろうか。

第一は、冷戦の終結である。例えば、三度、グラフ16を見ればわかるように、１９８０年代以前の韓国は中国との貿易をほとんど有していない。そしてそれはもちろん、この時点での韓国の経済発展が遅れていたからでも、韓国企業による中国市場の開拓が遅れていたからでもない。この時点での韓国はそもそも中国、より正確には中華人民共和国との国交すら有していなかったからである。

だから、両者の間に直接の貿易もなく、香港などを通じて間接的な貿易や交流が行われる状態に止まっていた。当然ながらこの時期には、両国の政治的或いは社会的交流もまた極めて限定されていた。だから、例えば、今日言われるような「中国と韓国は歴史認識問題で協力している」或いは「韓国は中国に経済的に大きく依存している」というような状態は、この時点では存在する余地すらあり得なかった。韓国が中国との国交を正常化させたのは1992年。つまり、両国間の国交は現在に至るまで僅か30年足らずの歴史しかないのである。

冷戦期の韓国がこのような状態に置かれていたのは、同国が東西冷戦の最前線である朝鮮半島に位置する分断国家だったからである。当時も今も、国際社会において朝鮮半島は、本来一つの国家に統一されるべき地域だと考えられており、ここに位置する韓国と北朝鮮は、自らを「朝鮮半島における唯一の正統な主権国家」である、と位置付けてきた。因みにこの原則は、少なくとも建前上は、南北両国は今も維持しているから、両国は互いに、相手を正統な国家として未だ互いに認めてはいない。韓国はその建前上、朝鮮半島全土を支配すべき国家とされており、だからソウル市内には「以北五道委員会」なる、「北朝鮮による不法な支配下に置かれている地域」のための行政機関すら存在する。また、「北朝鮮を巡る問題は朝鮮半島の国内問題だ」という理解の下、北朝鮮との間の関係は、外交を掌《つかさど》る「外交部」ではなく、「統一部」という異なる組織が担うことにもなっている。

だからこそ、冷戦期においては国際社会もまた、この「朝鮮半島における正統国家は一つしかない」という建前に沿って動いてきた。結果、出現したのは、北朝鮮と国交を有する国家は韓国と国交を有することができず、逆に韓国を承認した国家は、北朝鮮との関係が樹立できない状況だった。

当然ながら、1950年から53年まで戦われた朝鮮戦争において、北朝鮮を救援し、同国との同盟関係を結んでいた中国は北朝鮮との外交関係があり、この時期、韓国との国交を結ぶことはできなかった。他方、中国の側においても、北京に拠点を置く中華人民共和国政府と、共産党との内戦に敗れた国民党が全権を牛耳る中華民国政府――つまり台湾政府――が「中国」の代表権を争う状態が存在し、韓国は中華民国政府を唯一の「中国」政府として承認した状態にあった。だから、韓国の側から中国に歩み寄ることもまた不可能だった。

そして、同じような状況は他の「東側諸国」との間にも存在した。つまり、冷戦期の韓国は、中国と国交を有していなかったのみならず、ソ連や東欧諸国、さらにはモンゴルやベトナムといった、他の東側諸国との間にも正式な対外関係を有していなかった。

加えて言えば、対外関係の断絶が、経済や社会の交流に与えた影響も大きかった。例えば、日本は1972年に国交を正常化させる以前においても、「日中民間貿易協定」を結ぶなどして、中国との経済や社会における一定の交流が可能な状態を作り上げていた。しかし、共産主義に対する大きな警戒感を有する「反共国家」であった当時の韓国は、そのような限定された関係すら東側諸国と持つことができなかった。

比喩的な表現を使うなら、世界が東西両陣営に大きく二分された冷戦期、韓国はその一方、つまり世界の半分とだけしか、関係を有することができなかった。だからこそ、西側陣営においてアジアで大きな影響力を持つ二大国、つまり、アメリカと日本への依存度は必然的に大きくなった。

しかし、1989年における冷戦終焉と、その少し以前からのこれに向けた動きは韓国の国際的な立ち位置を大きく変えることとなった。1971年には米中が対話をはじめ、72年に日中が国交を回復し、1975年にベトナム戦争が終結した。1979年は遂に米中の間で正式に国交が樹立され、次いで1985年にはゴルバチョフがソ連共産党の書記長に就任し、「ペレストロイカ」と呼ばれた改革を開始した。1988年にソウルにて開催された夏季オリンピックに、いまだ韓国と国交すらなかったソ連や中国、さらには当時「スポーツ大国」の一つであった東ドイツから大量の選手団が参加することができたのも、このような当時の国際社会の大きな変化の賜物《たまもの》だった。

こうして東側諸国との関係が少しずつ生まれることにより、韓国の人々の国際社会における選択肢は劇的に増えた。結果、かつての西側諸国における中心的な交流相手であった日米両国の重要性が相対的に低下した訳である。

アジア通貨危機による大規模な改革

「でも、冷戦の終結なんて今から30年以上も前、僕が生まれる遥か前のことですよね。それ以降の状況は説明できないじゃないですか」

こうして１９８９年に冷戦が終結し、韓国や日韓関係を取り巻く状況は劇的に変化した。それでは、その後において国際社会で進行した、そして韓国や日韓関係に影響を与えた現象は何だろうか。答えは、今日まで続くグローバル化である。

グローバル化が進むと、日韓関係がどうして影響を受けるのか。そのメカニズムは二つある。一つはその影響下で韓国自身が、大規模な経済や社会の改革を迫られたことである。この点でとりわけ重要だったのは１９９７年に起こった「アジア通貨危機」後の状況である。同年7月のタイバーツ暴落に始まったアジア通貨危機の影響は、周知のように年末には韓国に及び、韓国は一時期はデフォルト寸前にまで追い込まれた。

重要なのは、その結果として、韓国では金融的支援を受けたＩＭＦによる大規模な改革が

グラフ25　各国の貿易依存度

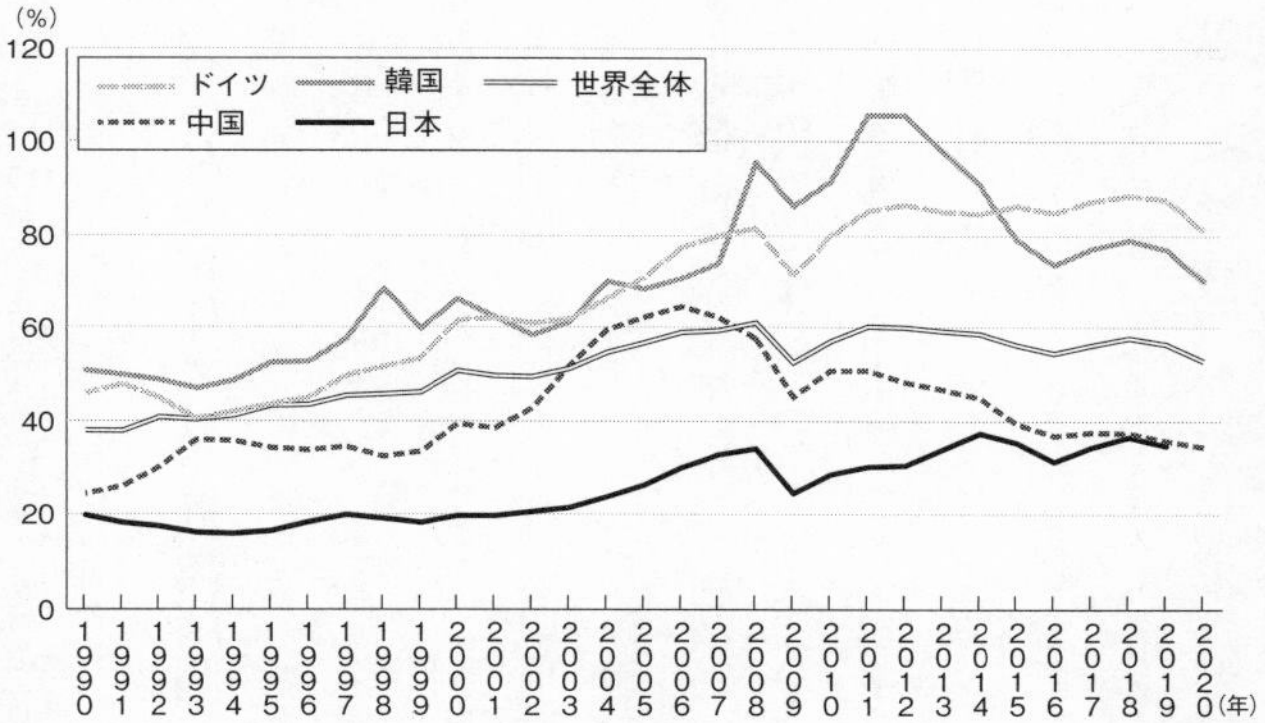

出典：World Development Indicators,https://data.worldbank.org/indicator/NE.TRD.GNFS.ZS（最終確認2022年1月18日）

行われたことであり、かつて日本を模倣して作られた政治、経済、社会の様々なシステムが「グローバルスタンダード」に合わせて作り変えられたことである。そしてその中では、依然として経済的苦境の中にある日本は、逆に「見習うべからざる悪しきモデル」としてマイナスのイメージを与えられていくことになった。

グラフ25は、各国・地域における貿易依存度、つまりは、GDPに対する貿易額の大きさを示すものである。韓国の数値が、アジア通貨危機からの本格的な回復を見せた2000年頃から李明博政権下の2012年頃にかけて急速に上がっているのがわかる。つまり、韓国は未曽有《みぞう》の経済危機を、自らの国内市場にではなく、グローバル化が進む世界経済への依存度を高めることで乗り切ることになった訳である。

グローバル化により、近隣諸国への依存度が減少

さて第二に重要なのは、こうして韓国が積極的に適応することを余儀なくされたグローバル化が有する特異な性格である。例えばある時点までの我が国では、グローバル化が恰《あたか》もそれにより「国境が意味を失う」現象であるかのように説明され、結果として近隣諸国との関係が強化されるだろう、という議論が為されることがあった。しかし、この議論は当初から決定的な誤謬《ごびゅう》を孕んでいた。何故なら、グローバル化とはその定義上、単に「国境が意味を失う」現象ではなく、「ヒト・モノ・カネ」の全ての面で交流が、「グローバル」つまり、地球規模で展開されるようになる現象を意味しているからである。かつては活発に使われていた「国際化」という言葉が影を潜め、敢えてカタカナ語の「グローバル化」が使われるようになったのも、元々はその違いを際立たせるためだった。

そしてこのようなグローバル化を可能としたのは、当然ながら情報通信技術の発達である。思い起こせば、今から30年ほど前、90年代までの社会において他国と取引することは大

仕事だった。インターネットなど存在しない時代、海外からの情報は、電話やファクシミリ、さらには国際郵便を通じて入手するしかなく、時には今では完全に忘れられたテレックスなるサービスをも使わねばならなかった。航空運賃の高かった当時においては、人的交流はさらに困難であり、必然的に交流する範囲は近隣諸国をはじめとする狭い地域に限定された。

しかし、今の私達は例えばAmazonやebayといったウェブサイトで、クリック一つで海外から物品を注文することができる。決済も極めて容易であり、全ての取引を時に数十秒の手間で終えることもできる。そこにおいては取引先を近隣諸国に限定する必要はなく、人的交流さえ、Zoomなどのアプリを使えば地球の裏側からだって瞬時に行うことができる。必要があるならLCC（格安航空会社）などを使ってかつてとは比べ物にならないほど安価に海外に行ける時代である。運送費や時差だけではいかんともしがたいものの、そもそも本書で「オンライン」でお話ししている学生さんだって、一体どこに住んでいてどこからアクセスしているかなんて、いちいち確認すらしていないから、「実は今、ブラジルのサンパウロにいるんです」と言われたって大して驚きはしない。グローバル化とは、そうやってこれまでは大きな障害となっていた、各国の地理的配置や距離が意味を失っていく現象のことなのである。

そして日韓関係において、この現象は極めて大きな意味を有している。つまり、グローバル化以前の時代において日韓両国は、互いに「隣国であるが故に」、交流が相対的に容易であり、だからこそ国際社会における貴重な交流相手となってきた。ヨーロッパのように、自らと似た政治・社会システムを有する国がたくさんある地域とは異なり、東アジアにおいては、ある程度発達した経済と民主的な政治システムを持つ国は多くなく、だからこそ類似点を多く持つ日韓両国は、互いを貴重なパートナーとして見出していた。

しかし、グローバル化が進む今日においては、地理的制約は次第に意味を失うことになっている。グローバル化の進展による通信や輸送コストの低減は、遠隔地域との取引コストを減少させるから、必然的に近隣諸国との交流の増加速度よりも、遠隔地域との交流の増加速度の方が大きくなる。結果、遠隔地域に対する依存度が上昇する一方で、近隣諸国への依存度は相対的に低下することになる。

さらに言えば、賃金の大きな格差がある以上、先進国の経済成長率は、低賃金であるが故の優位性を持つ発展途上国の経済成長率を下回るのが通常である。だから、国際経済における古い先進国の比重も長期的には必ず減少する。こうして、グローバル化の進む社会では、

グラフ26　ユーロ圏における域内消費寄与度

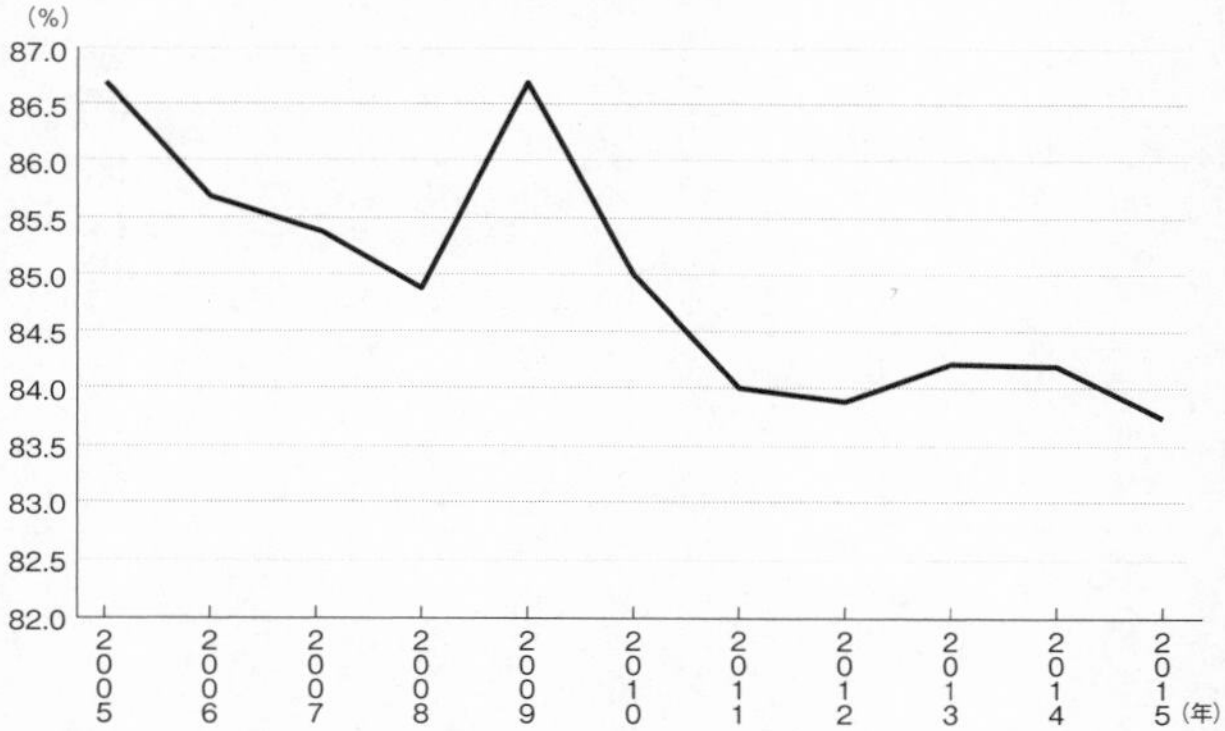

出典：Trade in Value Added (TiVA)：Origin of value added in final demand, OECD Statistics, https://stats.oecd.org/（最終確認2021年11月13日）より筆者作成。ユーロ圏19か国の最終消費全体に対する域内消費の寄与度を示している

遠隔地域の諸国、それも発展途上にある諸国との交流が増大し、逆に近隣の古い先進国の重要性は低下する現象が生まれることになる。

例えば、ＥＵは共通通貨を導入し、域内関税を撤廃するなどして、共同市場を作り上げる努力を行っている。にも拘わらず、彼ら自身にとってのＥＵ経済の重要性は、グラフ26に見られるように着実に低下することとなっている。理由はもちろん、簡単だ。ユーロ圏外の遠隔地域諸国との取引がより急速に伸びているからであり、とりわけ中国、インド、ブラジルといった諸国の重要性が増しているからだ。結果として、苦労してシステムを作り上げた域内貿易の重要性が相対的に低下することになっているのである。

日韓関係は世界の縮図

このように、グローバル化に伴い近隣諸国の重要性が低下する現象は、今日の世界では普遍的に見られるものになっている。それは例えばヨーロッパにおいては、EUの凝集力の低下となって現れている。イギリスのEU離脱の要因の一つにも、イギリス自身にとってのEU市場の重要性の低下が挙げられている。同様のことはNAFTA（北米自由貿易協定）を形成して協力関係を模索していた北米諸国についても言うことができる。アメリカとメキシコの移民問題を巡る衝突の背景にも、やはりアメリカ人にとって隣国であるメキシコの重要性がかつてほどではなくなっている状況がある。

グローバル化が世界各国の地理的配置の重要度を小さくする方向へと働いている以上、放置しておけば近隣諸国における我々の重要性は低下し、これまではその重要性によって隠されてきた様々な問題が露呈《ろてい》することになる。

そして、日韓関係の悪化はこのようにして広がる、世界各地における近隣諸国との関係の悪化の、極端な事例の一つとなっている。かつての発展途上国が力をつけて発言力を増し、安全保障環境の変化により行動の選択肢が増加する。他方で、隣国である古い先進国の影響力は、垂直的な関係から水平的な関係へと移行する中で失われ、この状況を終わりなきグローバル化が強く後押しする。

こうして見ると日韓関係が、変わりゆく世界の縮図であることもわかる。即ち、かつては、限られた数の帝国主義的列強に支配され、抑圧されていた途上国が力をつけて、先進国への挑戦を開始する。途上国から先進国の一つへと変貌を遂げた韓国はそのようなかつての発展途上国のフロントランナーであり、日本は古い先進国の一つとして、またかつての帝国主義列強の一つとして、その挑戦に晒《さら》されることとなっている。そして、韓国の後ろには、やはり古い先進国の作り上げた秩序に潜在的な不満を持つ国々が、数多く控えている。言うまでもなく、巨大な人口を持つ中国やインドはその代表的な存在であり、彼らの台頭により国際社会の在り方は大きく変わろうとしている。

だとすれば、今日我々が直面する日韓関係を巡る問題を、より大きな国際関係の視点から考える必要も生まれてくる。それが大きな国際問題の変化における、氷山の一角であるのならば、これを放置したり、或いは対処を誤れば、問題は他国をも巻き込んで悪化することになるだろう。我々の知恵が問われている、と言っても過言ではない状況だ。

第5章 韓国が抱える問題は何か

外交は評価された文在寅政権

「うーん、問題は想像していたより、大きくて深刻なんですね。でも、韓国の人たちだって日韓関係にばかりかまけている訳じゃないですよね。彼ら自身の問題だってあるんじゃないですか」

確かにそうだ。それでは今の韓国の社会はどんな問題を抱えているのだろうか。

この点を考える上で最初に整理しなければならないのは、「重要な問題」って何だ、ということだ。例えば我々一人一人だって様々な問題を抱えている。私自身を例に取れば、子育てを巡る悩みだってあるし、老後の蓄えだって心配だ。教えている学生たちの論文の進捗状況も気になるし、自分の研究が国内外でどんな評価を受けるかも仕事の上では重要に決まっている。高齢になった両親の健康も気になるし、そもそも自分自身の身体だってこの先どうなるかわかったものではない。この本が売れなければ、出版社にだって迷惑がかかるだろう。

もちろん、これらは全て問題と言えば問題だが、その全てを数え上げると、誰だって上がってくる問題は似たりよったりになってしまう。同じことはある国の問題についても言うことができる。どこの国にだって、深刻さの度合いこそ異なれ、経済的不安もあれば、社会的不安もあるし、また安全保障面での懸念もあるだろう。そしてそれが当たり前なのである。ではその中から「重要な」、言い換えるなら、優先して対処すべき問題はどうやって決めればいいのだろうか。そして、我々はそれを自分たちの生活においてどのようにして決めているのだろうか。

「そりゃ問題そのものの深刻さもあるんでしょうけど、何よりも大事なのはその人が何を重視しているか、じゃないですか。例えば僕だって将来の経済的不安がないと言えば嘘になりますけれど、今はそれよりも勉強することを優先しています。他の人には変に見えるかもしれないけれど、それが今の僕にとっては『大事なこと』ですから」

そう。個人や社会には各々の価値基準があり、その中で自らの人生や生活において「重要な問題」を決めている。そこには何らの普遍的な基準など存在しないし、価値観が異なる他人がのこのこと出かけて行って「俺が考えるお前にとっての重要な問題」を押し付けるのは、ナンセンスであり迷惑でしかない。個人レベルなら、少なくとも大人になった相手に行うべきことではないし、況《ま》してや自らが責任を負えない他国の人々の状況についてとやかく言うのは、筋違いも甚《はなは》だしい。

だから韓国の人々にとっての重要な問題を考える上で最初に行うべきは、まずは韓国人自身が、何を重要な問題だと考えているかを確認することである。もちろん、そのためには世論調査を見るのが最も確実で、近道だ。表6はそれを示している。

このデータからはいろいろと興味深いことがわかる。例えば、この世論調査では調査当時の大統領である文在寅を支持しない理由として外交問題を挙げている人は僅か2％しかいない。逆に支持する理由として外交・国際関係を挙げている人は20％もいるから、時として我が国では否定的に見做されている文在寅政権の外交が、少なくともこの時点での韓国の人々には好意的に受け止められていることがわかる。つまりは、少なくとも大きな問題だとは見做されていないのである。日韓関係は言うまでもなく、この外交に関わる問題の一部だから、それは日韓関係の悪化が、文在寅政権の足かせにはなっていないことをも示している。

因みにこの世論調査は毎週実施されているものなので、いつからこの状況になったかを見

表6　世論調査に見る大統領の支持／不支持理由（1％以上）

大統領を肯定的に評価する理由	%	大統領を否定的に評価する理由	%
外交・国際関係	20	不動産政策	36
新型コロナ対策	20	経済・民生問題の解決不足	9
最善を尽くしている	6	全般的に悪い	6
安定感がある	5	リーダーシップに欠ける	4
福祉拡大	4	新型コロナ対策	4
北朝鮮関係	3	北朝鮮関係	4
庶民のための努力	3	不公正だ	3
国民の立場を考慮している	3	尿素水供給問題	2
全般的に良い	3	国論の分裂	2
経済政策	2	独断的／一方的／党派的である	2
危機対応／状況への措置	2	外交問題	2
原理原則に忠実	2	貧富の格差拡大	2
正直／率直／透明性がある	1	財政的浪費	2
前政権よりいい	1	原子力発電政策	2
哲学がしっかりしている	1	人事問題	2
権威主義的ではない	1	意思疎通欠如	2
不動産政策	1	哲学がない	1
検察改革	1	信頼できない	1
		税金引き上げ	1
		不正腐敗	1
		国民の考えとの乖離	1
		雇用問題	1
		大庄洞疑惑	1
		過剰な福祉	1

出典：「韓国ギャラップデイリーオピニオン第472号（11月第2週）」、https://www.gallup.co.kr/（最終確認2021年11月13日）より筆者作成。なおこの調査は自由回答形式で得られた内容を、世論調査会社が整理した数値になっている

れば、何故にこの政権の外交政策が好意的に捉えられているかもわかる。結論から言えば、中身は韓国にとって最も重要な二国関係であるアメリカとの関係である。2021年5月、最初のバイデン大統領との会談により、北朝鮮との対話についてアメリカ政府の合意を取り付け、併せてこれまで韓国における弾道ミサイルの開発の妨げとなっていた「米韓ミサイル指針」の撤廃を発表した直後から、文在寅支持者の20％以上が「外交・国際関係」をこの政権を支持する理由として挙げるようになり、大統領の支持率も若干上昇した。韓国の人々にとって、アメリカとの関係が如何に重要かがよくわかる事例である。

日韓問題が大統領の支持率に影響を与えることは今ではほとんどない

他方、元徴用工問題や慰安婦問題、さらには輸出管理措置についての問題は、政権の支持率やそれを支持する理由にはほとんど影響を与えていない。

「え、日韓関係は『重要な問題』じゃないんですか？」

そう、我が国では、韓国の人たちは常に日韓関係に強い関心を持ち、常にこれを議論しているかのように報じられがちだ。しかし、今の韓国では日韓関係に関わる問題が、大統領や与党の支持率に影響を与えることはほとんどない。

尤《もっと》もこれには註釈をつける必要がある。何故なら、かつては韓国においても、日韓関係に関わる問題で、大統領や政府の言動により、支持率が上下する状況があったからだ。例えば、2012年に李明博が竹島に上陸し、また、天皇への謝罪を求めた際には、一時的に9%近く大統領の支持率が上昇している。2006年、盧武鉉政権下にやはり竹島問題で関係が悪化した時も同様であり、盧武鉉の支持率は5%程度上がっている。だから韓国では日韓関係に関わるイシューを取り上げることで、大統領や与党がその支持率を上げることができる、と理解するのは不思議ではない。

しかし、2012年の出来事は既に10年近く前のことであり、盧武鉉政権期の状況に至っては、15年以上前、大衆的な人気を誇る前環境大臣・小泉進次郎の父親である、小泉純一郎が首相だった時のことである。

だから当然、この間に状況は大きく変わっている。そのことを印象付けられた出来事が、2015年12月28日に為された日韓慰安婦問題合意後の状況である。周知のように、この合

慰安婦問題で合意し、岸田外相と握手する朴槿恵大統領（2015年）

意は日本側が「全ての元慰安婦の方々の心の傷を癒やす措置」を行うための財団設置に向けて10億円を拠出する代わりに、韓国側がこれまでの慰安婦問題で日本側に求めてきた法的賠償の要求を放棄することが主な内容となっている。そしてこの「カネと引き換えに自らの要求を撤回した」合意は、朴槿恵政権による不当な日本政府への譲歩だとして、著しい不満を以て受け止められた。

だからこそ、その後の状況は多くの日韓関係に関わる研究者にとって、注目の的となった。何故なら、それは韓国政府が日韓関係において不利な譲歩を行った際に、どの程度支持を失うかを知ることができる貴重な機会となったからである。

しかし、結果は意外なものとなった。グラフ27がその結果である。国民に極めて不人気な慰安婦合意の締結にも拘わらず、朴槿恵政権の支持率は低下することすらなかったのである。慰安婦合意が締結された２０１５年12月第５週から２０１６年１月第１週の間に、朴槿

グラフ27　慰安婦合意前後の大統領支持率・不支持率

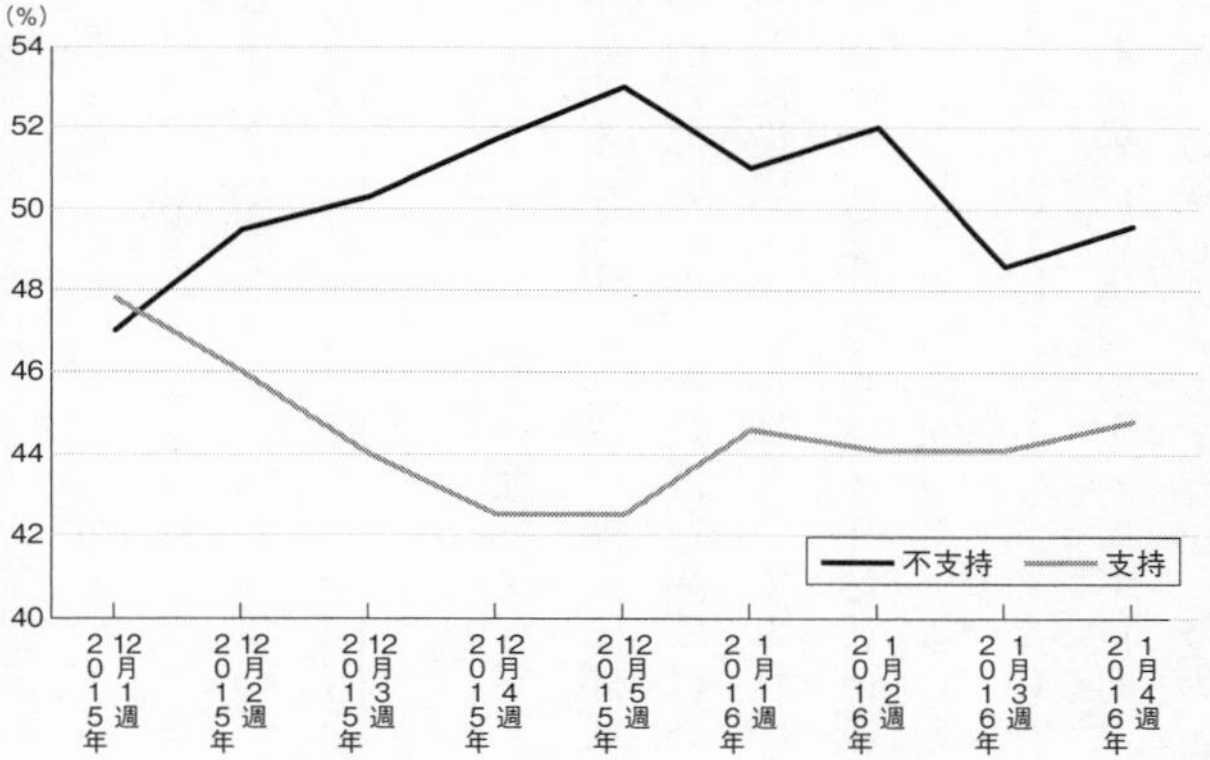

出典：リアルメーター世論調査、http://www.realmeter.net/?ckattempt=1（最終確認2021年11月13日）より筆者作成

恵の支持率はむしろ上昇することとなっている。

もちろん、それには理由があった。この時期は、北朝鮮が核開発を進めていた時期であり、２０１６年1月6日には北朝鮮による4回目の核実験が行われている。このような北朝鮮を巡る緊張した状況が、北朝鮮に対して強硬姿勢を取っていた当時の朴槿恵に対して保守派の支持を集めさせ、慰安婦合意がもたらした支持率に対するマイナスの効果は打ち消されることとなったのである。

北朝鮮問題への注目度

このような「日韓関係に関わる動向が大統

領や与党の支持率にほとんど影響を与えない」状況は、文在寅政権下においても続いた。事実、第1章で示した文在寅政権の支持率において、唯一明らかに大きな影響を与えているのは、２０２０年春、新型コロナウイルスの第二波への対処に成功した直後の、大きな支持率の上昇だけである。言い換えるなら、２０１８年10月の元徴用工問題の判決や、２０１９年の7月における日本政府による輸出管理措置の発動は、支持率にほとんど影響を与えていない。

そして、このような状況は決して不思議なものではない。何故なら、日本との関係に関わる事象のみならず、外交に関わる問題が大統領や首相の支持率に大きな影響を与える事態はどの国においても、それほど頻繁にある訳ではないからだ。その理由は我々が選挙の時に何を基準に投票をするかを考えてみれば、わかるだろう。どこの国であっても、人々にとって重要なのは、まずは自らの生活に直結する問題、例えば、経済問題や税金、社会福祉、さらには治安などに関わる問題だからである。そのような身近な問題に比べれば、国際関係に関わる問題の優先度は決して高くない。

それは韓国の人々にとっても同様だ。自らを取り巻く問題の中で、国際関係が占める重要性の割合は決して大きくない。文在寅政権の末期において、大統領を支持する理由として、外交・国際関係が新型コロナ対策と並んで上位に来ているのも、一面ではそれが華々しい成果を挙げているからというよりは、この政権が世論調査までの4年半に成し遂げた目に見える成果を、それ以外に見出すことができないからである。「文在寅政権は、ともあれ外交を無難に行った」、我々の評価とは全く別に、韓国の人々はそう考えている。だから、相対的にそれが「成果」として、大統領を支持する人々の間で浮かび上がることになっている。

同じことは今日の韓国において、日韓関係よりも遥かに重要な位置を占める北朝鮮を巡る状況にも現れている。2018年から19年、3度にもわたった米朝首脳会談において、文在寅政権が果たした役割は大きく、当然、その是非は当時の韓国において大きな議論の的となった。しかし、それが第1章で見たような歴代大統領に比べて相対的に高い文在寅の支持率に寄与しているか、といえばそうではない。文在寅を支持する理由として北朝鮮問題を挙げた人は僅か3%。逆に、支持しない理由として挙げた人も4%に留まっている。つまり、北朝鮮との関係は、少なくとも2021年秋の段階では、文在寅の支持率を押し上げる要因でもなければ、これを押し下げる効果をもほとんど持っていないものになっている。

文在寅政権がその出帆《しゆつぱん》に当たって外交面での看板政策として「北朝鮮との対話の実現」を掲げたように、韓国の人々にとって北朝鮮を巡る問題は、民族の統一や自らの安全を実現するために、極めて重要な問題の「筈」である。にも拘わらず、文在寅の支持率はこれにより大きく動くことはなかったし、大統領選挙を控えた、2021年秋の時点ですら、彼らはこの問題について熱く議論してはいなかった。事実、米朝が華々しく首脳会談を展開していた当時においてすら、よりミクロに観察して、文在寅の支持率は瞬間的に5%程度動いた程度に留まった。対して、2020年春、新型コロナウイルスへの対策が称賛された時点では、同じ支持率は15%以上の幅で上下しているから、韓国の人々にとっての両者の重要度の違いは明白である。

北朝鮮を巡る問題への注目度すらその程度なのだから、今日の韓国外交において、アメリカや中国に比べて遥かに小さな重要性しか持たなくなった日本との関係が、大統領や与党の支持率に大きな影響を与える筈はない。

注意しなければならないことは、我々が他国の政治を見る上では、そこにおける外交的問題や、その中での日本との関係の重要性を、過大に評価する傾向があることだ。それは我々が主として日本の報道などにより情報を得ているからである。日本人にとっての相手国の重要性は主としてその国の日本との関係により決まるから、その関心を反映してマスメディアが日本との関係を中心にある国の状況を報じるのは、当然である。しかし、その相手国には、我々にとっては重要でなくても、彼らにとっては極めて重要な国内問題が数多く存在する。

最大の問題は不動産問題

実際の外交的問題はそれらの国内問題に比べれば遥かに重要性が小さく、況《ま》してやその一部を占める日本との関係が、彼らにとって大きな重要性を持つ筈がない。だから、近年では韓国の大統領選挙においても、候補者たちが日韓関係について熱く議論を交わすことはない。文在寅が選ばれた2017年の大統領選挙において行われた1回2時間、計6回12時間の候補者討論会で、「日本」という言葉が登場したのは僅か2回。それも「韓国は日本よりノーベル賞受賞者が少ない」、「日本は韓国よりも対米外交を上手くやっている」という、日韓関係と全く異なる文脈においてでしかなかった。

そしてそれは当たり前のこと、なのである。

「それでは、韓国の人が最も大きな問題だと考えているのは…『不動産問題』なんですか？」

そう、大統領を支持しない理由として人々が、圧倒的に挙げているのは「不動産問題」である。そして、実はこの状況は文在寅政権になって以後、ずいぶん長く続いている。

それは我々、韓国社会の「外」に住んでいる人間には奇妙に見える。外交や安全保障問題に関わる問題を除いても、韓国には様々な問題がある筈だ。経済を巡る問題もあるだろうし、この調査が行われた2021年11月第1週は、韓国では再び新型コロナウイルスの感染が拡大していた時期でもある。雇用を巡る問題もあるだろうし、政権を巡るスキャンダルの噂も囁《ささや》かれている。なのに、どうしてこの政権を批判する人々が圧倒的第一に挙げる理由がよりによって「不動産問題」なのだろうか。

当然ながら、ここには今日の韓国社会が抱える大きな問題が隠されている。この点について考えるためには、まず韓国の不動産事情がどうなっているかを見る必要があるだろう。グラフ28は、ソウル市内のマンション売買の平均価格を示したものである。

「え、ソウルのマンション価格、10億ウォンを超えてるじゃないですか！」

グラフ28　ソウル市内のマンション売買平均価格

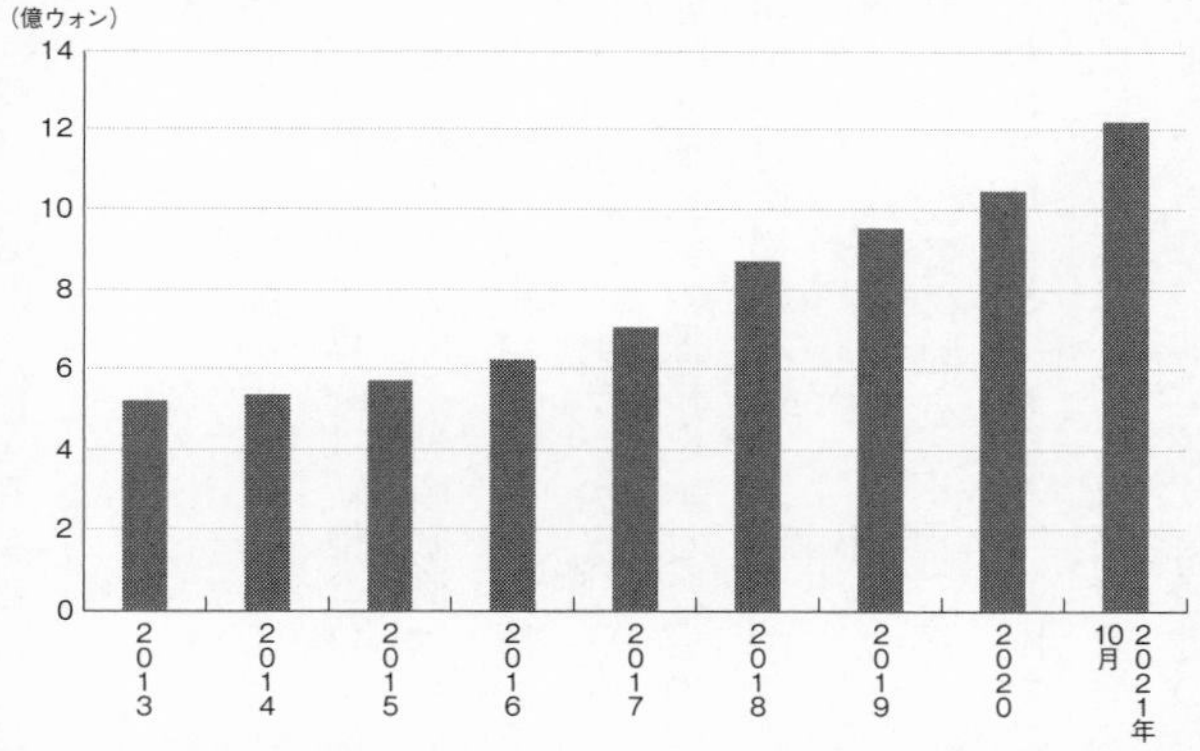

出典：「月刊KB住宅価格動向」、https://library.krihs.re.kr/search/detail/CATSEZ000000001637?briefLink=/searchA/sez?aq=%E3%85%87_A_pn=4（最終確認2021年11月15日）より筆者作成

その通りである。円と韓国ウォンの通貨レートは、この文章が書かれている２０２１年11月21日の時点で、１ウォン＝０・０９７円。つまり概ね、１円＝10ウォンだから、単純計算で、ソウル市内のマンション売買平均価格は、日本円にして１億を軽く超えていることになる。より正確に言えば、この統計では、２０２１年10月現在のソウル市内のマンション平均価格は12億１６３９万ウォン。対して２０２０年の韓国人の一人当たり国民所得が３７４７万ウォンだから、その約32・５倍に当たる計算である。

同じ数字を日本に当てはめてみると、２０１９年の名目ベースでの日本の一人当たり国民所得が４４３万７０００円。その32・５倍は約1億4000万円を超えることになる。如何に今の韓国の不動産事情が異常かよくわかる。

長らく不況が続く我が国においては、「不動産問題」というと、需要が低迷しその価格が下落している状況が想起されることが多い。韓国だって、日本よりは少しは状況がましとはいえ、2020年以降は新型コロナ禍による経済不況に苦しんでいる筈である。にも拘わらず、どうして韓国の不動産価格はかくも急速に上昇しているのだろうか。

その一つの理由は、文在寅政権が不況を克服するために、通貨量の供給を増やしていることに求められる。グラフ29は、M2（現金通貨＋預金通貨＋準通貨＋譲渡性預金）と呼ばれる実態的な通貨量の推移を示したものであり、これが一貫して伸びていることがわかる。

新型コロナ禍における深刻な消費の落ち込みを抑えるために、韓国政府は積極的な財政出動を行っている。しかし、不況が続く中、供給された通貨は消費には向かわず、不動産や株式などへの投資に回ることとなっている。とりわけ、バブル経済崩壊以降、「不動産神話」が失われた日本とは異なり、韓国では依然、不動産、とりわけ成長を続けるソウル首都圏の不動産に対しては、その価格は長期的に必ず上昇するだろう、という強い期待が依然として存在する。結果、供給された通貨のかなりの部分が不動産投機へと回り、異常なまでの価格

グラフ29　通貨供給量（M2）の推移

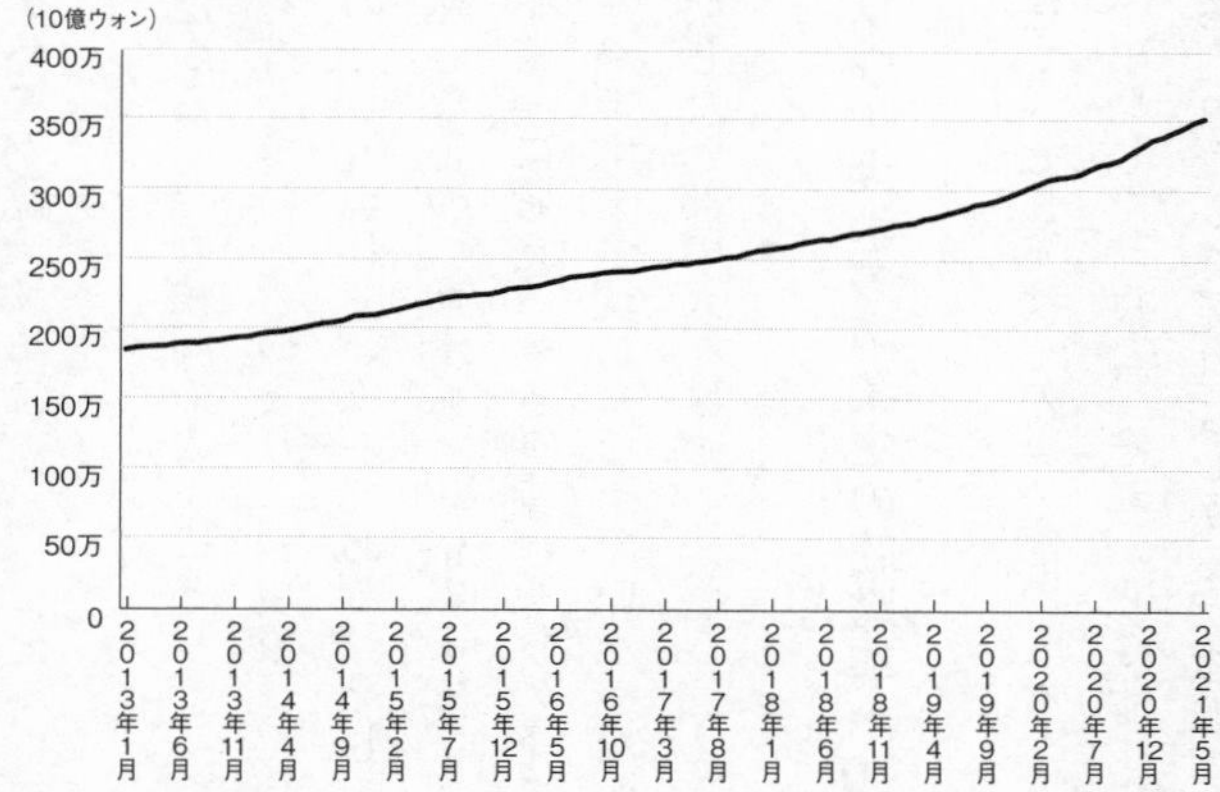

出典：韓国統計庁「国家統計ポータル」、https://kosis.kr/index/index.do（最終確認2021年11月15日）より筆者作成

上昇が引き起こされている。

そして、このような不動産価格の上昇は、富裕層にとっては資産価値の上昇の結果としての大きな収入増をもたらす一方で、貧困層にとっては家賃などの急速な上昇による、深刻な負担増として現れる。況《ま》してや現在の韓国は我が国同様、依然として新型コロナ禍の中にあり、経済は低迷を続けている。だからこそ、このような中での不動産価格の急騰は、韓国における大きな問題として現れているのである。

「なるほど、不動産価格の上昇は、お金持ちを豊かにさせる一方で、貧しい人々をさらに貧しくさせる訳ですね。つまり、これでは貧富の格差が拡大する」

だから、今の韓国の人々にとって「不動産価格の上昇」は、単にそれだけに止まらない意味を持っている。つまりこの現象は、今日における韓国社会における格差の拡大を象徴するものとして現れているのである。そしてさらに皮肉なのは、この現象が、本来なら福祉政策に熱心な筈の「進歩派」政権の下で、起こっていることである。本来なら、貧しい人々のことを第一に考えるべき進歩派政権の下で、豊かな人達がますます豊かになる一方で、貧しい人々がますます貧しくなっている。だからこそこの状況に、かつて政権に期待し、文在寅に投票した一部の人々は強い失望を覚えるに至っている。

ソウル大学の卒業生の就職率が70・1％

さて、それではその「一部の人々」とは一体誰のことなのだろうか。その答えは、この政権が出発した時点と、それから4年半以上を経た現在の時点での間で、誰がこの政権の支持から離れたかを見ればわかる。紙幅の関係上、その分析結果を細かく示すことはできない

グラフ30　韓国の世代別失業率（2020年）

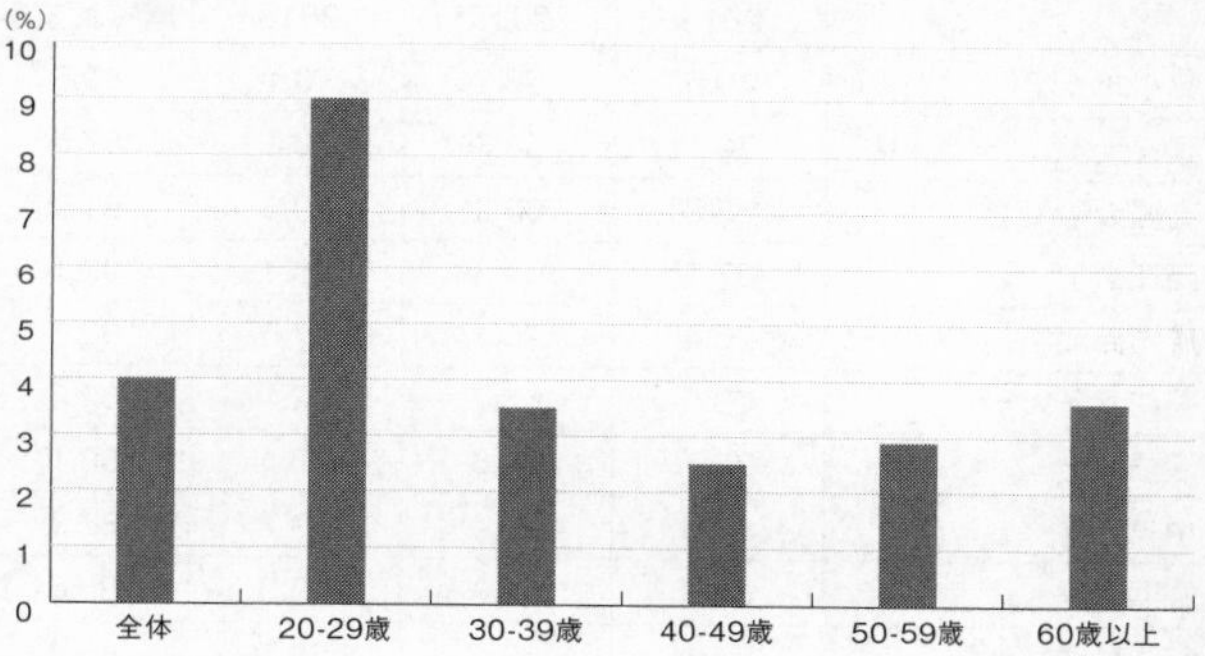

出典：韓国統計庁「国家統計ポータル」、https://kosis.kr/index/index.do（最終確認2021年10月25日）より筆者作成

が、この間に明確に政権支持から不支持に転じたグループは一つしかない。それは20代以下の若い人々だ（韓国では２０２１年現在で18歳以上に選挙権がある）。

背景にあるのは、この世代の極端に高い失業率である。時に雇用問題の深刻さが指摘される韓国であるが、実は労働者全体の失業率は４％と、他の先進国に比べてそれほど高い水準にある訳ではない。むしろ問題は失業者が特定の世代、つまりは20代以下に集中していること、そしてさらにはこの世代の多くが、不安定な非正規雇用の職に就いていることである。グラフ30はそのデータである。

この状況が今の若年層にとってどれだけ深刻なのかを理解してもらうために、もう一つデータを

表7　ソウル市内主要大学の就職率

	2016	2017	2018	維持就業率
ソウル大学	70.6	68.3	70.1	89.8
延世大学	70.1	68.7	70.1	87.5
高麗大学	73.8	68.2	70.3	91.0
西江大学	67.1	67.3	70.4	92.1
成均館大学	76.4	75.1	77.0	92.6
梨花女子大学	63.0	62.7	62.1	82.6
漢陽大学	72.7	69.6	73.4	88.1
中央大学	67.6	65.4	69.7	87.9
慶熙大学	64.3	63.8	68.3	85.6
韓国外国語大学	64.1	60.1	63.7	85.4
ソウル市立大学	68.6	64.2	68.5	89.5
主要11大学平均	68.9	66.6	69.4	88.3

出典：『韓国経済新聞』2019年1月23日、https://www.hankyung.com/society/article/201901234025i

示してみよう。表7は、ソウル市内の主要大学の卒業時点の就職率の推移と、維持就業率、つまり就職から1年後も同じ職に就いている人の割合を示したものである。激しい受験戦争で知られる韓国であるが、例えばソウル大学のような超名門大学の卒業生であっても、3人に1人近い人が、就職できない状況にあることがわかる。

そして卒業と同時に就職が決まっていなければ、大学生の多くは大学の寮などを失い、そのまま市中に放り出されることになる。そして、そこにおける不動産価格の上昇は、失業状態にある彼らがソウル首都圏に留まることをすら困難にさせる。地方出身の学生にとっては、住宅が見つからなければ自らの故郷に戻らざるを得ず、故郷に戻ることは、ソウル首都圏への一極集中が続くこの国では、就職活動すら困難になることを意味している。

こうして、就職活動で躓《つまず》いた多くの学生たちが成功の機会を失い、格差の拡大が続く状況で、未来への展望が見えない生活へと追い込まれる。そしてこのような状況が進歩派の政権においてもたらされたことに、彼らは深く失望することになる。にも拘わらず、彼らにはこれに対抗する保守派に対しても大きな期待を持つことは難しい。何故なら財界に近い保守派の政権が、分配や雇用よりも、経済成長を重視することは、明らかだからである。

結果、若年層は韓国の政治、そして未来に失望し、次第にいら立ちを強めていくことになる。その問題は極めて深刻だ、と言わざるを得ない。

「同じ大学生としてため息しか出ませんね。どうしてこんな状況になってしまったんでしょうか」

このような状況をもたらした原因は幾つかある。一つは1997年のアジア通貨危機以降、歴代の韓国政権が推進してきた経済成長を重視した、新自由主義的な政策である。

既に述べたように、1997年、アジア通貨危機において一時はデフォルト寸前にまで追い込まれた韓国は、IMFの指導の下、経済の大規模な改革へと乗り出した。そこで重要視されたのは、この国の経済をグローバル化する世界の実情に適う方向へと変革することであり、そこでは徹頭徹尾、経済的効率が優先された。そしてその中で重視された項目の一つが雇用の流動性強化であり、様々な雇用に関わる規制が撤廃された。

我が国でも進められているように、雇用流動性の増加は、企業にとっては労働コストの低下に繋がるから、利益が大きい。だが、同時に雇用に関わる規制の撤廃は、必然的に不安定な非正規労働者の増加をもたらすことになる。他方、これまで雇用してきた労働者を解雇することは労働契約上容易ではないから、勢い、増加した非正規労働は新たに雇用される人々、つまりは若年層の労働者に集中することになる。こうして中高年層に正規労働が多く、若年層に非正規労働が多い、韓国固有の状況が出現する。

やがて日本を追い抜く韓国の高齢化

そして、そこにもう一つの要素が作用する。それは進行する韓国社会の高齢化である。こ

グラフ31　東アジア各国の65歳以上人口の割合（含予測）

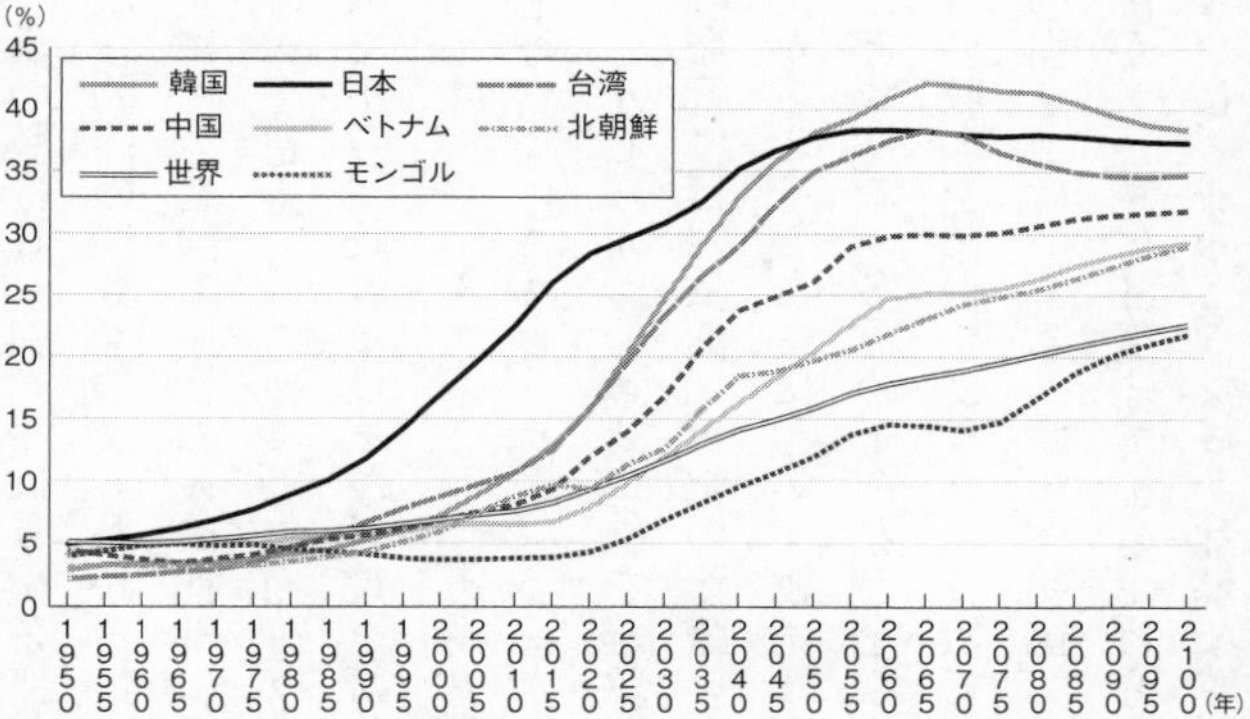

出典：World Population Prospect 2019, https://population.un.org/wpp/（最終確認2021年11月15日）より筆者作成

こではそれを、我が国をはじめとする他の東アジア諸国と比較しながら見ていくことにしよう。

　グラフ31は各国における65歳以上人口の割合の推移を国際連合の予測値を用いて２１００年まで示したものである。明らかなのは、日本において、世界、そして他の東アジア諸国に先駆けて進んだ高齢化のトレンドに、韓国が急速に追いつきつつあることであり、また、やがては追い抜いていくことである。２０２０年の段階で既に韓国における高齢者人口の割合は15%を超えており、１９９０年代後半の日本の水準に等しくなっている。背景には韓国における極端な少子高齢化が存在する。韓国の２０２０年の合計特殊出生率、つまり一人の女性が生涯に産む子供の数は0・84。やはり少子高齢化の深刻さが指摘される日本の合計特殊出生率1・34だから問題の深刻さがよくわかる。

先に使った国際連合の人口推計に従うなら、状況がこのまま進めば2020年現在5100万人を超えている韓国の人口は2100年までには3000万人を割り込むことになる。当然ながら、政府は様々な対策を講じているが、その成果は一向に出ていない。

そして、こうした状況は、現在の韓国政府の福祉政策にも影響を与えることになる。急速に進む高齢化は政府にとって、年金や医療費などの負担が将来増加することを意味している。しかし、かつて通貨危機を経験した韓国政府は、日本が行っているような膨大な赤字国債の発行には、依然、一定の躊躇《ためら》いを持っている。

だからこそ、ここにおいて韓国政府が選択しているのは、高齢者により多くの雇用を与えることである。多くの年金などを与えることができない以上、意図的に高齢者の労働機会を作って収入を確保しようという訳である。そのための最も主要な手段は、企業の定年退職年齢の引き上げである。結果、韓国では近年まで大手企業で多数を占めていた55歳の定年退職年齢が、一挙に65歳まで引き上げられるようになっている。

しかし、このような些《いささ》か乱暴な韓国政府の施策は結果として、ただでさえ限られている雇用を更に高齢者の側に振り向けることとなる。結果、労働コストの負担に限界がある企業は、新規採用を控えることにならざるを得ない。つまり現在の韓国における若年者の雇用環境悪化は、人口の高齢化とそれに対する韓国政府の政策の結果でもあるのだ。

「先生の使っている同じデータだと、2100年には日本の人口も今より4000万人近く減少して、7500万人以下になってしまうんですね……僕たちの将来は本当に大丈夫なんでしょうか」

数ある将来の予測統計の中で、実は人口統計は最も正確なものの一つである。何故なら特定の社会における出生率や死亡率は、戦争のような極端な事態がなければ、急に大きく上下することはないからだ。特定の世代の人口も、大きな移民などがなければ、基本的にはゼロ歳の時点をピークに後は次第に減少するしかない。だから、人口統計が示す世界は、我々の未来の厳しい現実をある程度正確に示している。

人口に占める高齢者の割合の増加は、労働に携わる生産年齢人口の割合の減少を意味しているから、必然的に個々の労働者にとっての社会福祉の負担は増えることになる。そして、

グラフ32　2020年以降の各国の人口推移

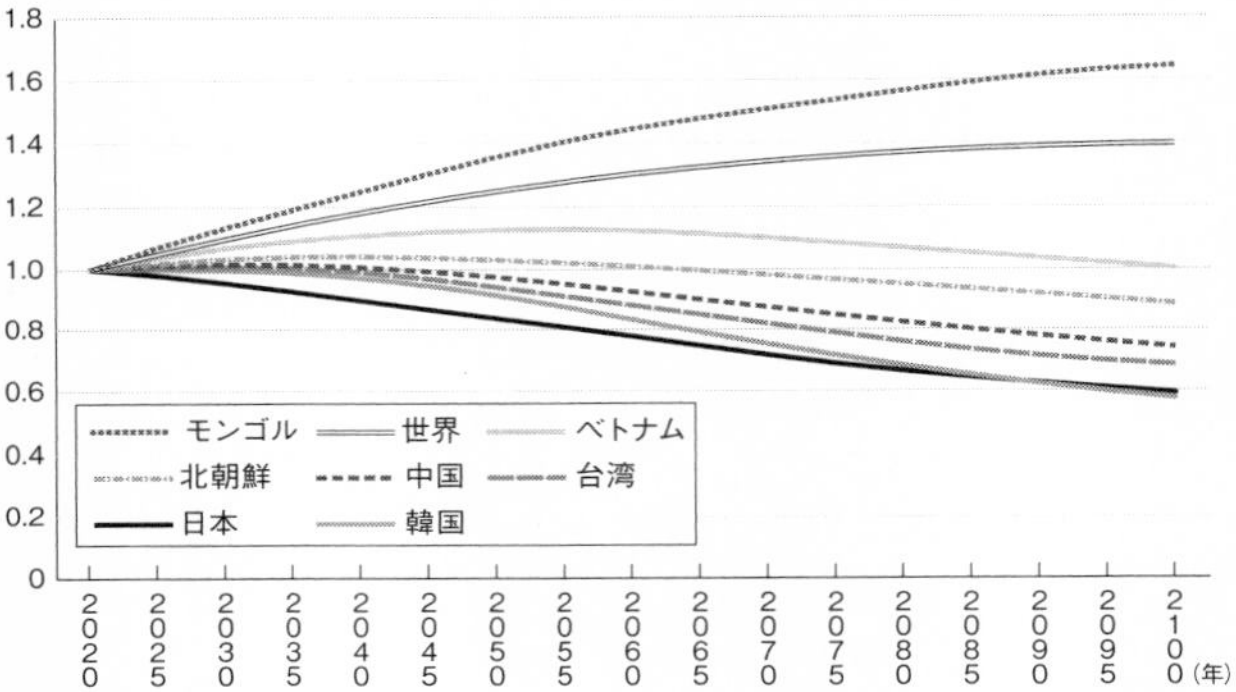

出典：World Population Prospect 2019, https://population.un.org/wpp/（最終確認2021年11月15日）より筆者作成。2020年の人口を１とした将来推計人口

このような状況は自らの老後のために十分な福祉を求める高齢者と、ただでさえ困難な状況に置かれているにも拘わらず、将来に向けてさらに大きな負担を求められる若年層の間の激しい世代間対立をもたらすことになる。

第1章で紹介した、韓国社会における激しいイデオロギー的分断は、一面ではこのような社会の急速な高齢化の結果でもある。つまり、限られた資源の分配を求めて、高齢者と若年層が対立する図式である。そして、韓国においてはそれが社会福祉の分配としてよりも、むしろ雇用の分配を巡る対立として現れることになっている。

そして、それは何も韓国だけの問題ではない。グラフ32は2020年を1とした、各国の将来人口の推移を示したものである。

日中韓台で、2050年までに人口6000万人減

明らかなのは、世界全体では今後も人口増加が続く一方で、東アジアでは急速な人口減少が進行していくことである。先行する日本にやがて韓国が追いつき、その後を台湾、そして中国が追いかける。そしてその結果として、日本、韓国、台湾、中国の4か国・地域だけで、2050年までに6000万人以上、そして2100年までには実に4億5000万人以上の人口が失われることになる。そしてその巨大な人口の喪失を、どこかからの移民などによって全て補うことは不可能である。

高齢化が進み、人口が減少すれば当然、社会の生産性も活気も失われることになる。だとすれば、韓国、そして台湾や中国は、結局は日本の後を追い、急速な衰退へと突入することになるのだろうか。

そして韓国や日韓関係はその時どうなっているのだろうか。衰退が経済危機に変わり、国内問題で手いっぱいの各国は、隣国との関係に目を向ける余裕すらなくなっていくのだろう

か。それとも、衰退と混乱の中、人々はその不満を外に向けるようになり、互いの対立はさらに激化することになっていくのだろうか。そして、その時、事態のさらなる悪化を止める方法は果たしてあるのだろうか。

こうして見ると、対立する日韓両国が抱える問題が、実は類似した基盤にあることがわかる。韓国は日本の後を追い同じ道を辿るのか。それとも日本、或いは韓国のどちらか一方、或いは双方が危機を克服し、現在のトレンドを大きく変えていくことになるのだろうか。国際社会の大きな構造変化の中、我々を取り巻く状況はまだまだ過酷なものとなりそうだ。

むすびにかえて

「何だかずいぶん、暗い将来予測になってしまいましたね。でも、僕自身は何とか努力して自分の将来を切り開いていきたいと思います。今日はありがとうございました」

そうして彼はパソコンの画面から去っていた。日韓関係にせよ、韓国や日本を取り巻く状況にせよ、我々を取り巻く状況は、決して楽観を許さない状況にある。国際社会の大きな変動の中、彼らのような若い人々に、どうやって少しは期待の持てる世の中を残していけるかが、我々「現役世代」の大きな仕事になるのだろう。

ともあれ重要なのは、時に安易に語られがちな日韓関係や韓国を巡る問題が、実は大きな国際社会の変化の一部だ、ということである。だからこそ、状況を変えるのは困難だし、我々は同じ状況にもう何十年も直面し続けることになっている。

にも拘わらず、我が国では今日も韓国に対する安易な議論が続いている。ある人は言う。

全ては文在寅が悪いのだから、韓国の政権が変われば何とかなる。また、他の人は言う。韓国はそのうち音《ね》を上げるに違いないから、突き放しておいておけばいい。そしてそこにもっと大きな声がかぶさるように響き渡る。韓国との関係なんて大したことにはならないから、放っておいても大丈夫だ、と。そうして、テレビや雑誌では現状からかけ離れた、面白おかしい議論が続けられる。

これらの議論を聞きながら思う。そうかもしれないし、そうだったらどんなに良いだろう。しかし、日韓関係を巡る問題の背後には、日本の大きな影響力低下があり、だから現在様々な地域では、日本の存在が次第に軽んじられるようになる状況が続いている。歴史認識問題において、中国が韓国に近い理解を有しているのは明らかであり、「慰安婦像」は台湾やフィリピン、アメリカやヨーロッパでも数を増やしている。歴史認識問題は我が国の外交のアキレス腱であり、例えばオバマ政権期に見られたように、靖国神社を巡る問題が激化すれば、第二次世界大戦の戦勝国であるアメリカだって、良い顔はしない。

そして何よりも思うのは、これだけ対立しているように見える日韓両国の抱える問題には、実は大きな共通点もあることだ。1990年代以降、日本の経済成長が低迷した一つの、そして最大の要因は、政府の経済政策ではなく、この国の人口構成の変化である。生産年齢人口の割合が増大する人口ボーナス期から、高齢化によりこれが大きく減少する人口オーナス期への端境期《はざかい》は、我が国が「失われた30年」に突入する時期と奇麗に一致している。そして、韓国も同じ状況にまもなく突入する。だとすれば、彼らが如何に対処していくかは、我々にとっても見守る価値があるに違いない。重要なのは、協力をすることそれ自体でもなければ、互いの間に横たわる問題を解決することでも恐らくない。他国において起こる出来事を、面白半分に「嗤《わら》う」のではなく、そこから我々自身の将来に向けたヒントを得ることこそが重要なのだと思う。

韓国にとって日本は、将来の自らを見る鏡としての役割を果たしている。そして同じことは、恐らく日本にとっての韓国についても言うことができる。そのために必要なのはまずは冷静に相手を観察し、その対応の理由と妥当性を分析することの筈である。そう述べて、この「特別講義」の幕を下ろすこととしたい。

あとがき——より良い理解のために

本書は筆者にとって、日本語の単著としては12冊目、新書としては4冊目の著作に当たる。企画をPHP研究所の西村健さんからいただいたのは、私の手元の記録による限り、2020年11月。この「あとがき」を書いているのが2021年の12月だから、完成までには約1年の月日がかかったことになる。まずは、本書を書く機会を与えて下さった、西村さんとPHP研究所の皆さまに感謝の意を表したいと思う。

とはいえ、出版に至るまでには試行錯誤もあった。当初の西村さんからの依頼内容は、同じPHP研究所から出版されている雑誌『Voice』2020年9月号に筆者が寄稿した「日本植民地支配特殊論からの脱却」と題する小稿を基礎にしたものだった。この小稿は本書にも登場する「日本が行った朝鮮や台湾に関わる統治は植民地支配の範疇に含まれるのか」という議論を中心にしたものだったから、それをより精緻にしたものが期待されたことになる。

しかしながら、この問題については既に、新書の依頼をいただく前に、学術論文の執筆の準備を進めており、その内容をそのまま新書にするのは少しはばかられた。多少の偏見が含まれていることを承知で書けば、筆者の理解ではPHP新書は、他の新書と比べても、平易でわかりやすい内容を得意とする新書であり、そこに七面倒で学術的、つまりは読者にとっては煩わしいであろう、細かいデータ分析が延々と続くのは不適切だろうとも考えた。

植民地支配を巡る問題については、我が国や韓国においてのみならず、他国においても様々な議論があり、それを細かい註釈をつけることが不可能な新書の形で出版するのは、好ましくないとも考えた。結果、本書においては、本来の依頼内容であった植民地支配に関わる分析は、第3章に圧縮して示すことにして、詳しい内容は別途、学術論文の形で示すことにした。だから、この点について、より詳しい内容を知りたい方は、拙稿「第二次世界大戦前における『植民地』言説を巡る一考察」(『国際協力論集』〔2〕、2021年1月)をも併せて参考にしてほしい。(www.lib.kobe-u.ac.jp/repository/81012505.pdf)

さて、こうして当初の計画から大きく内容を変更することになった本書であるが、筆者の昔からの読者ならすぐにわかるように、その構成は、2004年に出版した『朝鮮半島をどう見るか』(集英社新書)を叩き台にしたものになっている。同書は筆者にとって、はじめて書いた新書であり、その出版には大きく苦労したことを思い出す。今から18年も前の書籍であるが、出版社にはまだ在庫があるようなので、併せて手に取っていただければ、筆者の朝鮮半島や韓国に関わる理解や分析の方法がわかる筈である。

歴史認識問題に関わるパートは、やはり筆者の過去の幾つかの著作、つまり、『韓国における「権威主義的」体制の成立』(ミネルヴァ書房、2003年)、『日韓歴史認識問題とは何か』(ミネルヴァ書房、2014年)、そして『歴史認識はどう語られてきたか』(千倉書房、2020年)が基礎になっている。より踏み込んだ議論の根拠はこれらに詳しく記されているので、疑問な点があったら参照してほしい。また、近年の韓国政治に関わる分析については、これまで各地で行ってきた、朝鮮半島情勢に関わる講演用レジュメや、各種メディアから依頼されて執筆したコラムなどから抜き出したものである。なので、本書の背景にあるより細かい情報や分析について知りたい方がおられれば、お気軽にご連絡いただければと思う。もちろん、本書に登場する「学生さん」のようにオンラインでの依頼も大歓迎である。

こうして振り返ると、この小著が、筆者がこれまで研究者として歩み、試行錯誤してきた内容を凝縮したものであることが痛感される。筆者の研究者としての歩みについては、本書の出版とほぼ時を同じくして、中央公論新社から、筆者がこれまで見てきた韓国や日韓関係の変化に関わる記録が、『韓国愛憎——激変する隣国と私の30年』(中公新書、2022年)という表題で出版されている筈である。一人の研究者がどうやって、研究対象として向かい合い、何を考え、どう試行錯誤してきたかを示すものであり、その「結果」としての本書と併せて読んでいただければ嬉しい。これから韓国のみならず、どこかの地域や国を研究しようと思っている若い人々には、自分のこれからの人生を見通すための一つの参考になるかもしれない。

そして明らかなのは、このような筆者の研究者としての活動が、多くの出版社やそこに働く編集者の方々に支えられてきたことである。先に名前を挙げさせていただいた西村健さんのみならず、同じくPHP研究所の水島隆介さん、法律文化社の田引勝二さん、中央公論新社の白戸直人さんや小野一雄さん、集英社の池田千春さん、さらには、名古屋大学出版会の三木信吾さんや、ミネルヴァ書房の堀川健太郎さんや河野菜穂さん、ナカニシヤ出版の酒井敏行さんや千倉書房の神谷竜介さん。これらの編集者が一人でも欠けていれば、筆者のこれまでの研究活動は存在しなかったと言っていい。また本書の校正においては、筆者が勤務する神戸大学大学院国際協力研究科の山下達也君、加覧健司君、そして大畑正弘さんに助けていただいた。これら全ての人への感謝の意を確認して、本書の結びの言葉としたい。

２０２１年12月11日

異なる出版社の異なる形式で作られたゲラに埋もれながら

［写真提供］

P17　EPA＝時事
P99　時事通信フォト
P115　時事通信フォト
P131　AFP＝時事
P168　EPA＝時事

PHP新書

PHP INTERFACE
https://www.php.co.jp/

木村 幹［きむら・かん］

神戸大学大学院国際協力研究科教授。博士（法学）。NPO法人汎太平洋フォーラム理事長。1966年大阪府生まれ。京都大学法学部卒業、同大学院博士課程中退。2005年より現職。

著書に『朝鮮／韓国ナショナリズムと「小国」意識』（アジア・太平洋賞特別賞）、『韓国における「権威主義的」体制の成立』（サントリー学芸賞）、『日韓歴史認識問題とは何か』（読売・吉野作造賞）（以上、ミネルヴァ書房）、『朝鮮半島をどう見るか』（集英社新書）、『韓国現代史』『韓国愛憎』（以上、中公新書）など。

誤解しないための日韓関係講義

（PHP新書 1297）

二〇二二年三月一日 第一版第一刷

著者――木村 幹
発行者――永田貴之
発行所――株式会社PHP研究所
東京本部 〒135-8137 江東区豊洲5-6-52
第一制作部 ☎03-3520-9615（編集）
普及部 ☎03-3520-9630（販売）
京都本部 〒601-8411 京都市南区西九条北ノ内町11
組版――有限会社エヴリ・シンク
装幀者――芦澤泰偉＋児崎雅淑
印刷所
製本所――図書印刷株式会社

ISBN978-4-569-85140-2

ＰＨＰ新書刊行にあたって

「繁栄を通じて平和と幸福を」（PEACE and HAPPINESS through PROSPERITY）の願いのもと、ＰＨＰ研究所が創設されて今年で五十周年を迎えます。その歩みは、日本人が先の戦争を乗り越え、並々ならぬ努力を続けて、今日の繁栄を築き上げてきた軌跡に重なります。

しかし、平和で豊かな生活を手にした現在、多くの日本人は、自分が何のために生きているのか、どのように生きていきたいのかを、見失いつつあるように思われます。そして、その間にも、日本国内や世界のみならず地球規模での大きな変化が日々生起し、解決すべき問題となって私たちのもとに押し寄せてきます。

このような時代に人生の確かな価値を見出し、生きる喜びに満ちあふれた社会を実現するために、いま何が求められているのでしょうか。それは、先達が培ってきた知恵を紡ぎ直すこと、その上で自分たち一人一人がおかれた現実と進むべき未来について丹念に考えていくこと以外にはありません。

その営みは、単なる知識に終わらない深い思索へ、そしてよく生きるための哲学への旅でもあります。弊所が創設五十周年を迎えましたのを機に、ＰＨＰ新書を創刊し、この新たな旅を読者と共に歩んでいきたいと思っています。多くの読者の共感と支援を心よりお願いいたします。

一九九六年十月

ＰＨＰ研究所

1274 日本を前に進める　河野太郎
1287 トランプvsバイデン　村田晃嗣
1292 タリバンの眼《め》　佐藤和孝
1289 日本の対中大戦略　兼原信克

［地理・文化］

592 日本の曖昧《あいまい》力　呉 善花
670 発酵食品の魔法の力　小泉武夫／石毛直道［編著］
705 日本はなぜ世界でいちばん人気があるのか　竹田恒泰
934 世界遺産にされて富士山は泣いている　野口 健
1119 川と掘割“20の跡”を辿る江戸東京歴史散歩　岡本哲志
1182 京都の通りを歩いて愉しむ　柏井 壽
1184 現代の職人　早坂 隆
1238 群島の文明と大陸の文明　小倉紀蔵
1246 中国人のお金の使い道　中島 恵
1256 京都力　柏井 壽
1259 世界と日本の地理の謎を解く　水野一晴
1268 韓国の行動原理　小倉紀蔵

［人生・エッセイ］

377 上品な人、下品な人　山﨑武也
742 みっともない老い方　川北義則
827 直感力　羽生善治
938 東大卒プロゲーマー　ときど
1067 実践・快老生活　渡部昇一
1112 95歳まで生きるのは幸せですか?　池上 彰／瀬戸内寂聴
1132 半分生きて、半分死んでいる　養老孟司
1134 逃げる力　百田尚樹
1147 会社人生、五十路の壁　江上 剛
1148 なにもできない夫が、妻を亡くしたら　野村克也
1158 プロ弁護士の「勝つ技法」　矢部正秋
1179 なぜ論語は「善」なのに、儒教は「悪」なのか　石 平
1211 保険ぎらい　荻原博子

［思想・哲学］

1117 和辻哲郎と昭和の悲劇　小堀桂一郎
1159 靖國の精神史　小堀桂一郎
1215 世界史の針が巻き戻るとき　マルクス・ガブリエル［著］／大野和基［訳］
1251 つながり過ぎた世界の先に　マルクス・ガブリエル［著］／大野和基［インタビュー・編］／髙田亜樹［訳］
1294 アメリカ現代思想の教室　岡本裕一朗